Sunzi
Die Kunst des Krieges

Sunzi

Die Kunst des Krieges

Herausgegeben und
mit einem Vorwort von James Clavell

Droemer

Vollständige Ausgabe 1999
Copyright © 1988 für die deutschsprachige Ausgabe bei
Droemersche Verlagsanstalt Th. Knaur Nachf., München
Alle Rechte vorbehalten. Das Werk darf – auch teilweise – nur mit
Genehmigung des Verlages wiedergegeben werden.
Titel der Originalausgabe: »The Art of War«
Copyright © by James Clavell
Einbandgestaltung: Agentur Zero, München
Satz: Ventura Publisher im Verlag
Druck und Bindung: Franz Spiegel Buch GmbH, Ulm
Printed in Germany
ISBN 3-426-27081-1

Inhalt

Vorwort

Sunzi schrieb dieses außergewöhnliche Buch vor zweieinhalbtausend Jahren in China. Es beginnt mit den Worten:

> Die Kunst des Krieges ist für den Staat von entscheidender Bedeutung. Sie ist eine Angelegenheit von Leben und Tod, eine Straße, die zur Sicherheit oder in den Untergang führt. Deshalb darf sie unter keinen Umständen vernachlässigt werden.

Es schließt mit den Worten:

> So wird der erleuchtete Herrscher und der weise General die Intelligentesten seiner Armee als Spione einsetzen und auf diese Weise hervorragende Erfolge erzielen. Spione sind ein äußerst wichtiges Element des Krieges, denn von ihnen hängt die Fähigkeit der Armee ab, sich zu bewegen.

Ich bin der Überzeugung, daß unsere militärischen und politischen Führer der jüngsten Vergangenheit dieses geniale Werk hätten studieren sollen, denn dann wäre in Vietnam nicht das passiert, was passiert ist; wir hätten den Koreakrieg nicht verloren (wir haben ihn verloren, weil wir nicht den Sieg errangen); das Desaster in der Schweinebucht wäre nicht geschehen; es wäre nicht zum Geiseldrama im Iran gekommen; das britische Empire wäre nicht verstümmelt worden; und aller Wahrscheinlichkeit nach wären die beiden Weltkriege vermieden worden – mit Sicherheit aber wären sie nicht geführt worden, wie sie geführt wurden, und die Millionen junger Menschen, die von Ungeheuern, die sich Generäle nannten, so unnötig und unüberlegt in den Tod geschickt wurden, hätten ihr Leben leben können.

Die größte Leistung besteht darin, den Widerstand des Feindes ohne einen Kampf zu brechen.

Ich finde es erstaunlich, daß Sunzi vor fünfundzwanzig Jahrhunderten so viele Wahrheiten schrieb, die heute noch gültig sind – besonders in dem meiner Meinung nach außergewöhnlichen Kapitel über den Einsatz von Spionen. Ich glaube, dieses kleine Buch zeigt deutlich, was heute noch falsch gemacht wird und warum unsere heutigen Gegner in manchen Gebieten so erfolgreich sind. (Sunzi ist in der politisch-militärischen Hierarchie der Sowjetunion Pflichtlektüre; das Buch ist seit Jahrhunderten in Rußland erhältlich, und es ist auch, beinahe Wort für Wort, die Quelle von Mao Tsetungs Schrift über die militärischen Prinzipien der chinesischen Roten Armee.)

Für noch wichtiger halte ich die Tatsache, daß *Die Kunst des Krieges* recht deutlich zeigt, *wie man die Initiative ergreift* und den Feind bekämpft – jeden Feind.

> Sunzi schreibt: Wenn du den Feind und dich selbst kennst, brauchst du den Ausgang von hundert Schlachten nicht zu fürchten.

Ähnlich wie Machiavellis *Der Fürst* und Miyamoto Musashis *Das Buch der fünf Ringe* zeigen auch Sunzis hier wiedergegebene Einsichten den Weg zum Sieg bei allen geschäftlichen Konflikten, bei Schlachten im Aufsichtsrat und im alltäglichen Kampf ums Überleben, in den wir alle verwickelt sind – sogar im Kampf der Geschlechter! Dies alles sind Formen des Krieges, und alle folgen denselben Regeln – seinen Regeln.

Zum erstenmal hörte ich 1977 beim Rennen im Happy Valley in Hongkong von Sunzi. Ein Freund, P. G. Williams, ein Kellner im Jockey Club, fragte mich, ob ich das Buch gelesen hätte. Ich verneinte, und er erwiderte, daß er mir am nächsten Tag ein Exemplar schicken wolle. Als das Buch ankam, blieb es zunächst ungelesen liegen. Eines Tages dann, nach mehreren Wochen, nahm ich es wieder in die Hand. Ich war schockiert, daß ich, obwohl ich so viel über Asien, besonders über Japan und China, gelesen hatte, noch nie auf das Buch gestoßen war. Seitdem ist es mein ständiger Begleiter, und es hat meine Arbeit an *Noble House Hongkong* so sehr beeinflußt, daß viele Charaktere sich auf Sunzi und sein Meisterwerk beziehen. Ich halte Sunzis Schrift für einzigartig, und deshalb kam es zu dieser Ausgabe seines Buches. Leider ist über den Mann selbst nur wenig bekannt. Wir wissen nicht, wann er die dreizehn Kapitel niederschrieb. Manche datieren sie auf das Jahr 500 v. Chr., in die Zeit des Königreichs von Wu, manche auch auf etwa 300 v.Chr. Etwa um 100 v. Chr. schrieb Sima Qian, einer seiner Chronisten, diese Biographie:

Sunzi, dessen Vorname Wu war, stammte aus dem Staate Qi. Sein Buch *Die Kunst des Krieges* erregte die Aufmerksamkeit Helus, des Königs von Wu. Helu sagte zu ihm: »Ich habe deine dreizehn Kapitel sorgfältig studiert. Darf ich deine Theorie über die Führung von Soldaten einer kleinen Prüfung unterziehen?«

Sunzi erwiderte: »Das dürft Ihr.«

Der König fragte: »Darf sich die Prüfung auch auf Frauen beziehen?«

Wieder stimmte Sunzi zu, und so wurden Vorbereitungen getroffen, hundertachtzig Damen aus dem Palast zu holen. Sunzi teilte sie in zwei Kompanien und stellte je eine der Lieblingskonkubinen des Königs an die Spitze der Abteilungen. Dann ließ er sie alle einen Speer in die Hand nehmen und sprach zu ihnen die Worte: »Ich nehme an, daß ihr den Unterschied zwischen vorne und hinten und rechts und links kennt.«

Die Mädchen erwiderten: »Ja.«

Sunzi fuhr fort: »Wenn ich sage ›Augen geradeaus‹, dann müßt ihr nach vorn blicken. Wenn ich sage ›links um‹, dann müßt ihr euch nach links drehen.

Wenn ich sage ›rechts um‹, dann müßt ihr euch nach rechts drehen. Wenn ich sage ›kehrt‹, dann müßt ihr euch rechtsherum umdrehen.«

Die Mädchen hatten auch dies verstanden. Als damit die

Befehle erklärt waren, ließ er Hellebarden und Streitäxte ausgeben, um den Drill zu beginnen.

Dann gab er zu einem Trommelwirbel den Befehl: »Rechts um«, doch die Mädchen brachen nur in Lachen aus.

Sunzi sagte geduldig: »Wenn die Kommandoworte nicht klar und deutlich sind, wenn die Befehle nicht richtig verstanden werden, dann trifft die Schuld den General.« Er machte mit dem Drill weiter und gab diesmal den Befehl »Links um«, worauf die Mädchen abermals Lachkrämpfe bekamen.

Da sagte er: »Wenn die Kommandos nicht klar und deutlich sind, wenn die Befehle nicht richtig verstanden werden, dann trifft die Schuld den General. Doch wenn seine Befehle *klar* sind und die Soldaten dennoch nicht gehorchen, dann ist es die Schuld der Offiziere.« Darauf gab er den Befehl, die Anführerinnen der beiden Kompanien zu enthaupten.

Der König von Wu beobachtete das Geschehen vom Dach eines Pavillons aus, und als er sah, daß seine Lieblingskonkubinen enthauptet werden sollten, erschrak er sehr und schickte eilig die folgende Botschaft hinunter: »Wir sind zufrieden mit der Fähigkeit Unseres

Generals, die Truppen zu führen. Wenn Wir dieser beiden Konkubinen beraubt werden, wird Unser Essen und Trinken den Geschmack verlieren. Wir wünschen nicht, daß sie enthauptet werden.«

Sunzi erwiderte noch geduldiger: »Nachdem ich einmal die Ernennung Eurer Majestät zum General der Streitkräfte erhalten habe, gibt es gewisse Befehle Eurer Majestät, die ich, wenn ich als solcher handle, nicht akzeptieren kann.« Und seinen Worten getreu ließ er die beiden Anführerinnen sofort enthaupten und setzte die nächsten beiden als Anführerinnen an ihre Stelle. Daraufhin wurde wieder die Trommel zum Drill geschlagen. Die Mädchen machten alle Schritte, drehten sich nach rechts oder nach links, marschierten geradeaus oder machten kehrt, knieten oder standen, und alles mit höchster Genauigkeit und Gewissenhaftigkeit, und keine wagte, einen Laut von sich zu geben.

Dann schickte Sunzi einen Boten zum König und ließ ihm ausrichten: »Herr, Eure Soldaten sind jetzt richtig ausgebildet, sie halten Disziplin und sind bereit für die Inspektion durch Eure Majestät.

Sie können zu jedem Zweck eingesetzt werden, den ihr Herrscher im Sinn haben mag. Fordert sie auf, durch

Feuer und Wasser zu gehen, und sie werden sich nicht weigern.«

Doch der König erwiderte: »Der General soll den Drill einstellen und ins Lager zurückkehren. Wir haben nicht den Wunsch, hinunterzugehen und die Truppen zu inspizieren.«

Darauf erwiderte Sunzi ruhig: »Der König schätzt schöne Worte, doch er vermag sie nicht in Taten umzusetzen.«

Da sah der König von Wu, daß Sunzi ein Mann war, der ein Heer zu führen wußte, und ernannte ihn in aller Form zum General. Sunzi unterwarf im Westen den Staat Chu und drang bis nach Ying, der Hauptstadt, vor; im Norden versetzte er die Staaten Qi und Qin in Angst und Schrecken, und sein Ruhm breitete sich unter den Lehnsfürsten aus. Und Sunzi hatte Teil an der Macht des Königreiches.

So wurde Sunzi ein General des Königs von Wu. Beinahe zwei Jahrzehnte lang blieben die Armeen von Wu siegreich über ihre Erbfeinde, die Königreiche von Yue und Chu. Irgendwann in dieser Periode starb Sunzi, und sein Herr, der König von Wu, fiel im Kampf.

Einige Jahre lang gehorchten seine Nachfolger den Anweisungen Sunzis und blieben siegreich. Und dann vergaßen sie sie.

Im Jahre 473 v. Chr. wurden die Armeen von Wu geschlagen und das Königreich wurde ausgelöscht.

Im Jahre 1782 wurde *Die Kunst des Krieges* von Vater Amiot, einem Jesuiten, ins Französische übersetzt. Es gibt eine Legende, nach der dieses kleine Buch Napoleons Schlüssel zum Erfolg und seine Geheimwaffe war. Gewiß gründete seine Taktik auf Beweglichkeit, und Beweglichkeit ist eine der Eigenschaften, die Sunzi besonders betont. Sicherlich benutzte Napoleon Sunzis Erkenntnisse zu seinem Vorteil, um den größten Teil Europas zu unterwerfen. Erst als er Sunzis Regeln nicht mehr befolgte, wurde er geschlagen.

Die Kunst des Krieges wurde erst 1905 ins Englische übersetzt. Die erste Übertragung stammt von P. F. Calthrop. Die zweite, die Sie hier lesen, ist von Lionel Giles und wurde ursprünglich 1910 in Shanghai und London veröffentlicht. Ich habe mir mit dieser Übersetzung einige Freiheiten erlaubt, um sie verständlicher zu machen – jede Übersetzung aus dem alten Chinesisch in eine andere Sprache ist in gewissem

Ausmaß eine Frage des Standpunktes –, und ich habe, der chinesischen Methode entsprechend, direkt nach den Passagen, auf die sie sich beziehen, einige von Giles' Notizen eingefügt.

Ich hoffe aufrichtig, daß Sie dieses Buch mit Genuß lesen. Sunzi verdient es, gelesen zu werden. Ich würde *Die Kunst des Krieges* gern als Pflichtlektüre für alle Offiziere und Mannschaften unserer Streitkräfte sehen, und außerdem für alle Politiker, für alle Menschen, die in der Regierung arbeiten, auf allen Hochschulen und Universitäten in der freien Welt.

Wenn ich Oberbefehlshaber oder Präsident oder Premierminister wäre, dann würde ich sogar noch weiter gehen: Ich hätte ins Gesetz geschrieben, daß alle Offiziere, *besonders alle Generäle*, jährlich eine mündliche und schriftliche Prüfung über diese dreizehn Kapitel abzulegen haben, wobei sie zum Bestehen fünfundneunzig Prozent der Fragen richtig beantworten müssen – und jeder General, der nicht besteht, würde automatisch und ohne Berufungsmöglichkeit entlassen, und alle Offiziere, die durchfallen, würden automatisch degradiert.

Ich glaube wirklich, daß Sunzis Einsichten für unser Überleben äußerst wichtig sind. Sie können uns den Schutz geben, den wir brauchen, damit unsere Kinder in Frieden und Wohlstand aufwachsen.

Wir dürfen nicht vergessen, daß von alters her bekannt ist: »… das wahre Ziel des Krieges ist der *Frieden*.«

JAMES CLAVELL

I
Planung

Sunzi sagt:

Die Kunst des Krieges ist für den Staat von entscheidender Bedeutung. Sie ist eine Angelegenheit von Leben und Tod, eine Straße, die zur Sicherheit oder in den Untergang führt. Deshalb darf sie unter keinen Umständen vernachlässigt werden.

Die Kunst des Krieges wird von fünf konstanten Faktoren bestimmt, die alle berücksichtigt werden müssen. Es sind dies: das Gesetz der Moral; Himmel; Erde; der Befehlshaber; Methode und Disziplin.

Das Gesetz der Moral veranlaßt die Menschen, mit ihrem Herrscher völlig übereinzustimmen, so daß sie ihm ohne Rücksicht auf ihr Leben folgen und sich durch keine Gefahr schrecken lassen.

Himmel bedeutet Nacht und Tag, Kälte und Hitze, Tageszeit und Jahreszeit.

Erde umfaßt große und kleine Entfernungen, Gefahr und Sicherheit, offenes Gelände und schmale Pässe, die Unwägbarkeit von Leben und Tod.

Der Befehlshaber steht für die Tugenden der Weisheit, der Aufrichtigkeit, des Wohlwollens, des Mutes und der Strenge.

Methode und Disziplin müssen verstanden werden als die Gliederung der Armee in die richtigen Untereinheiten, die Rangordnung unter den Offizieren, die Behauptung der Straßen, auf denen der Nachschub zur Armee kommt, und die Kontrolle der militärischen Ausgaben.

Diese fünf Faktoren sollten jedem General vertraut sein. Wer sie kennt, wird siegreich sein; wer sie nicht kennt, wird scheitern.

Wenn du also die militärischen Bedingungen bestimmen willst, dann treffe deine Entscheidungen auf Grund von Vergleichen in folgender Weise:

Welcher der beiden Herrscher handelt im Einklang mit dem Gesetz der Moral?

Welcher der beiden Generäle ist der fähigere?

Bei wem liegen die Vorteile, die Himmel und Erde bieten?

Auf welcher Seite wird die Disziplin strenger durchgesetzt?

Du Mu erwähnt die bemerkenswerte Geschichte des Cao Cao (155–220 n. Chr.), der so nachdrücklich auf die Disziplin sah, daß er sich einmal, seinen eigenen strengen

Vorschriften gegen die Verwüstung erntereifer Felder entsprechend, selbst zum Tode verurteilte, nachdem er zugelassen hatte, daß sein Pferd in ein Kornfeld ausbrach. Doch er wurde überzeugt, nicht seinen Kopf zu opfern, sondern sein Gerechtigkeitsgefühl damit zufriedenzustellen, daß er sich das Haar abschnitt. »Wenn du ein Gesetz erläßt, dann achte darauf, daß es nicht gebrochen wird; wenn es aber gebrochen wird, dann muß der Schuldige mit dem Tode bestraft werden.«

Welche Armee ist die stärkere? Auf welcher Seite sind Offiziere und Mannschaften besser ausgebildet? In welcher Armee herrscht die größere Gewißheit, daß Verdienste angemessen belohnt und Missetaten sofort geahndet werden?
Mit Hilfe dieser sieben Bedingungen kann ich Sieg oder Niederlage voraussagen.
Der General, der auf meinen Rat hört und nach ihm handelt, wird siegen – belasse einem solchen das Kommando! Der General, der nicht auf meinen Rat hört und nicht nach ihm handelt, wird eine Niederlage erleiden – einen solchen mußt du entlassen! Doch bedenke: Während du aus meinem Rat Nutzen ziehst, solltest du nicht versäumen, dich aller

hilfreichen Umstände, die über die üblichen Regeln hinausgehen, zu bedienen und deine Pläne entsprechend anzupassen.

Jede Kriegführung gründet auf Täuschung. Wenn wir also fähig sind anzugreifen, müssen wir unfähig erscheinen; wenn wir unsere Streitkräfte einsetzen, müssen wir inaktiv scheinen; wenn wir nahe sind, müssen wir den Feind glauben machen, daß wir weit entfernt sind; wenn wir weit entfernt sind, müssen wir ihn glauben machen, daß wir nahe sind.

Lege Köder aus, um den Feind zu verführen. Täusche Unordnung vor und zerschmettere ihn. Wenn der Feind in allen Punkten sicher ist, dann sei auf ihn vorbereitet. Wenn er an Kräften überlegen ist, dann weiche ihm aus. Wenn dein Gegner ein cholerisches Temperament hat, dann versuche ihn zu reizen.

Gib vor, schwach zu sein, damit er überheblich wird. Wenn er sich sammeln will, dann lasse ihm keine Ruhe. Wenn seine Streitkräfte vereint sind, dann zersplittere sie. Greife ihn an, wo er unvorbereitet ist, tauche auf, wo du nicht erwartet wirst.

Der General, der eine Schlacht gewinnt, stellt vor dem Kampf im Geiste viele Berechnungen an. Der General, der

verliert, stellt vorher kaum Berechnungen an. So führen viele Berechnungen zum Sieg und wenig Berechnungen zur
Niederlage – überhaupt keine erst recht! Indem ich diesem
Punkt Aufmerksamkeit widme, kann ich voraussagen, wer
siegen oder unterliegen wird.

II
Über die Kriegführung

Wenn ein Krieg geführt wird, wenn tausend schnelle Wagen im Felde sind, zehntausend schwere Wagen und hunderttausend gepanzerte Soldaten mit genügend Vorräten, um tausend *li*[*] weit zu ziehen, dann belaufen sich die Ausgaben zu Hause und an der Front, einschließlich der Bewirtung von Gästen, der Ausgaben für kleine Dinge wie Leim und Farbe und für Wagen und Waffen, auf eine Gesamtsumme von tausend Unzen Silber am Tag. Dies sind die Kosten, wenn man eine Armee von hunderttausend Mann aufstellt.

Wenn der Kampf tatsächlich begonnen hat und der Sieg lange auf sich warten läßt, dann werden die Waffen der Männer stumpf und ihr Eifer wird gedämpft. Wenn du eine Stadt belagerst, wirst du deine Kräfte erschöpfen, und wenn der Feldzug sich lange hinzieht, werden die Schätze des Staates unter der Belastung schwinden. Vergiß nie: Wenn deine Waffen stumpf werden, wenn dein Kampfesmut gedämpft,

---

[*] 1,72 moderne *li* entsprechen einem Kilometer.

deine Kraft erschöpft und dein Schatz ausgegeben ist, dann werden andere Anführer aus deiner Not einen Vorteil schlagen. Kein Mann, wie weise er auch sein mag, kann abwenden, was darauf folgen muß.

Zwar haben wir von dummer Hast im Kriege gehört, doch Klugheit wurde noch nie mit langen Verzögerungen in Verbindung gebracht. In der ganzen Geschichte gibt es kein Beispiel dafür, daß ein Land aus einem langen Krieg Gewinn gezogen hätte. Nur wer die schrecklichen Auswirkungen eines langen Krieges kennt, vermag die überragende Bedeutung einer raschen Beendigung zu sehen. Nur wer gut mit den Übeln des Krieges vertraut ist, kann die richtige Art erkennen, ihn zu führen.

Der fähige General befiehlt keine zweite Aushebung, und seine Vorratswagen werden nicht mehr als zweimal beladen. Wenn der Krieg erklärt ist, verschwendet er keine Zeit, indem er auf Verstärkung wartet, und er läßt seine Armee nicht kehrtmachen, um Vorräte aufzunehmen, sondern er überschreitet ohne Verzögerung die Grenze des Feindes. Der Zeitvorteil – das heißt, dem Gegner ein wenig voraus zu sein – war häufig wichtiger als zahlenmäßige Überlegenheit oder die schönsten Rechenspiele mit dem Nachschub.

Nimm Kriegsmaterial von zu Hause mit, doch plündere

beim Feind. So wird die Armee Nahrung haben. Wenn die Staatskasse leer ist, muß die Armee durch Opfer des Volkes unterhalten werden. Wenn das Volk eine entfernte Armee unterhalten muß, verarmt es.

Andererseits läßt die Nähe einer Armee die Preise steigen; und hohe Preise nehmen den Menschen ihre Ersparnisse. Wenn ihre Ersparnisse erschöpft sind, stehen ihnen schlimme Auspressungen bevor. Wegen des Verlustes der Ersparnisse und der Erschöpfung ihrer Kraft wird man die Häuser der Menschen vollkommen leeren, und ihr Einkommen schwindet. Zugleich werden die Ausgaben der Regierung für zerbrochene Wagen, erschöpfte Pferde, Brustharnische und Helme, Bogen und Pfeile, Speere und Schilde, Sturmdächer, Zugochsen und schwere Wagen bis zur Hälfte der ganzen Steuereinnahmen steigen.

Ein weiser General achtet darauf, beim Feind zu plündern. Eine Wagenladung Vorräte vom Feind entspricht zwanzig eigenen, und gleichermaßen ist ein einziges *dan** von seinem Futter zwanzig aus dem eigenen Vorratslager wert.

Nun muß, damit sie den Feind töten, der Zorn unserer Männer erweckt werden. Damit sie im Schlagen des Feindes

* Chinesische Gewichtseinheit, die etwa sechzig Kilogramm entspricht.

---

einen Vorteil erkennen, müssen sie auch Belohnungen bekommen. Wenn du also beim Feind Beute machst, dann benutze sie als Belohnung, damit alle deine Männer, jeder für sich, begierig sind zu kämpfen.

Wenn beim Kampf mit Wagen zehn oder mehr Wagen erbeutet werden, dann sollen die belohnt werden, welche den ersten nahmen. Unsere eigenen Banner sollen die des Feindes ersetzen, und seine Wagen werden in die unseren eingereiht und mit ihnen zusammen benutzt. Die gefangenen Soldaten sollen freundlich behandelt und behalten werden. Dies bedeutet, die unterworfenen Feinde zur Stärkung der eigenen Kraft zu benutzen.

Dein großes Ziel im Krieg soll der Sieg sein und kein langwieriger Feldzug. So kann es heißen, daß der Anführer der Armeen der Schiedsrichter über das Schicksal des Volkes ist; der Mann, von dem es abhängt, ob die Nation in Frieden oder in Gefahr lebt.

III
Das Schwert in der Scheide

In all deinen Schlachten zu kämpfen und zu siegen ist nicht die größte Leistung. Die größte Leistung besteht darin, den Widerstand des Feindes ohne einen Kampf zu brechen. In der praktischen Kriegskunst ist es das Beste überhaupt, das Land des Feindes heil und intakt einzunehmen; es zu zerschmettern und zu zerstören ist nicht so gut. So ist es auch besser, eine Armee vollständig gefangenzunehmen, als sie zu vernichten, ein Regiment, eine Abteilung oder eine Kompanie im ganzen gefangenzunehmen, statt sie zu zerstören.

Die höchste Form der militärischen Führerschaft ist, die Pläne des Feindes zu durchkreuzen; die nächst beste, die Vereinigung der feindlichen Streitkräfte zu verhindern; die nächste in der Rangfolge ist, die Armee des Feindes im Felde anzugreifen; und die schlechteste Politik, befestigte Städte zu belagern, denn die Vorbereitung von Sturmdächern, beweglichen Schutzwällen und verschiedenem Kriegsgerät erfordert drei volle Monate; und das Aufschütten von Hügeln an den Stadtmauern erfordert weitere drei Monate. Der General, der nicht fähig ist, seinen Zorn zu zügeln, schickt seine

Männer gleich ausschwärmenden Ameisen in den Kampf, und das Ergebnis ist, daß ein Drittel seiner Männer erschlagen wird, während die Stadt unbesiegt bleibt. Dies sind die verhängnisvollen Auswirkungen einer Belagerung.

Der kluge Anführer unterwirft die Truppen des Feindes ohne Kampf; er nimmt seine Städte, ohne sie zu belagern; er besiegt sein Königreich ohne langwierige Operationen im Felde. Er wendet sich mit seinen Truppen gegen den Machthaber im feindlichen Königreich, und sein Triumph wird vollkommen sein, ohne daß er einen Mann verliert.

Dies ist die Methode, mit einer Kriegslist anzugreifen, indem man das Schwert in der Scheide läßt.

Die Regel im Krieg ist: Wenn unsere Streitkräfte dem Feind zehn zu eins überlegen sind, umzingeln wir ihn. Wenn wir fünf zu eins überlegen sind, greifen wir an. Wenn wir doppelt so zahlreich sind, teilen wir unsere Armee, und ein Teil greift von vorn an, während der andere ihm in den Rücken fällt; wenn er den Frontalangriff erwidert, kann er von hinten zerschmettert werden; wenn er den Angriff aus dem Hinterhalt erwidert, kann er von vorn zerschmettert werden.

Wenn die Kräfte gleich sind, können wir eine Schlacht erwägen. Wenn wir zahlenmäßig leicht unterlegen sind, meiden wir den Feind. Wenn wir ihm in keiner Hinsicht gewachsen sind, können wir ihn fliehen. Eine kleine Truppe kann den Feind zwar aufhalten, doch am Ende wird sie von der größeren Streitmacht gefangengenommen.

Der General ist das Bollwerk des Staates: Wenn das Bollwerk überall fest ist, bleibt der Staat stark. Wenn das Bollwerk mangelhaft ist, wird der Staat geschwächt. Es gibt drei Arten, auf die ein Herrscher seiner Armee Unglück bringen kann:

Wenn er der Armee den Sturm oder Rückzug befiehlt und die Tatsache nicht bemerkt, daß sie nicht gehorchen kann. Dies nennt man die Armee in Kalamitäten bringen.

Wenn er versucht, eine Armee auf die gleiche Weise zu führen, wie er ein Königreich regiert, und die Bedingungen nicht erkennt, die in einer Armee vorherrschen. Dies macht die Soldaten unruhig. Menschlichkeit und Gerechtigkeit sind die Prinzipien, nach denen ein Staat geführt wird, doch nicht die Armee; Opportunismus und Flexibilität dagegen sind militärische und keine zivilen Tugenden.

Wenn er die Offiziere seiner Armee ohne Unterschied einsetzt und das militärische Prinzip der Anpassung an die Umstände vernachlässigt. Dies erschüttert das Selbstvertrauen der Soldaten.

Sima Qian ergänzte diesen Abschnitt um 100 v. Chr. folgendermaßen: Wenn ein General das Prinzip der Anpassungsfähigkeit vernachlässigt, darf man ihm keine bedeutende Position anvertrauen. Der fähige Anführer setzt den weisen Mann, den tapferen Mann, den habgierigen Mann und den dummen Mann ein. Denn der weise Mann freut sich daran, Verdienste zu erwerben, der tapfere Mann will seinen Mut im Kampf beweisen, der habgierige Mann sucht seinen Vorteil, und der dumme Mann hat keine Furcht vor dem Tod.

Wenn die Armee ruhelos und mißtrauisch ist, werden die anderen Lehnsfürsten gewiß Schwierigkeiten machen. Dies bedeutet, Anarchie in die Armee zu tragen und den Sieg fahrenzulassen. Denn es gibt fünf wesentliche Voraussetzungen für den Sieg:
Siegen wird der, der weiß, wann er kämpfen muß und wann nicht.
Siegen wird der, der weiß, wie er mit überlegenen und unterlegenen Streitkräften verfährt. Siegen wird der, dessen Armee in allen Rängen vom gleichen Geist beseelt ist.
Siegen wird der, der gut vorbereitet darauf wartet, den unvorbereiteten Feind anzugehen.

Siegen wird der, der militärisch fähig ist und nicht mit der Einmischung seines Herrschers rechnen muß.

Wenn du den Feind und dich selbst kennst, brauchst du den Ausgang von hundert Schlachten nicht zu fürchten. Wenn du dich selbst kennst, doch nicht den Feind, wirst du für jeden Sieg, den du erringst, eine Niederlage erleiden. Wenn du weder den Feind noch dich selbst kennst, wirst du in jeder Schlacht unterliegen.

IV
Taktik

Die guten Kämpfer der Vergangenheit schlossen jede Möglichkeit einer Niederlage aus und warteten dann auf eine Gelegenheit, den Feind zu schlagen. Es liegt in unserer Hand, uns vor einer Niederlage zu schützen, doch die Gelegenheit, den Feind zu schlagen, gibt uns der Feind selbst. Deshalb der Spruch: Man kann *wissen*, wie man siegt, ohne fähig zu sein, es zu tun.

Schutz vor der Niederlage verlangt eine defensive Taktik; die Fähigkeit, den Feind zu schlagen, bedeutet, die Offensive zu ergreifen. In der Defensive zu beharren verrät unzureichende Kräfte; anzugreifen einen Überfluß an Kraft.

Der General, der in der Verteidigung erfahren ist, versteckt sich in den tiefsten Höhlen der Erde; wer im Angriff geschickt ist, fährt aus den höchsten Höhen des Himmels nieder. So haben wir auf der einen Seite die Fähigkeit, uns zu schützen, und auf der anderen die Möglichkeit, einen vollständigen Sieg zu erringen.

Den Sieg nur zu sehen, wenn er auch von allen anderen

gesehen wird, ist kein Beweis hervorragender Leistung. Und es ist kein Beweis hervorragender Leistung, wenn du kämpfst und siegst und das ganze Königreich sagt: »Gut gemacht!« Wahre Vortrefflichkeit ist es, insgeheim zu planen, sich heimlich zu bewegen, dem Feind einen Strich durch die Rechnung zu machen und seine Pläne zu vereiteln, so daß zumindest der Tag ohne einen Tropfen vergossenen Blutes gewonnen wird. Eine Spinnwebe zu heben, ist kein Beweis für große Kraft; Sonne und Mond zu sehen, ist kein Beweis für ein scharfes Auge; den Lärm des Donners zu hören, ist kein Beweis für ein gutes Ohr.

Die alten Weisen nannten den einen klugen Kämpfer, der nicht nur siegt, sondern sich dadurch auszeichnet, daß er mit Leichtigkeit siegt. Seine Siege werden ihm aber weder den Ruf der Weisheit noch den des Mutes einbringen. Denn soweit sie durch Umstände errungen werden, die nicht ans Licht gekommen sind, wird die Allgemeinheit nichts von ihnen wissen, und deshalb wird man ihn nicht wegen seiner Weisheit loben; und wenn sich der feindliche Staat unterwirft, ehe ein Tropfen Blut geflossen ist, wird man ihn nicht für seinen Mut rühmen.

Er gewinnt seine Schlachten, indem er keine Fehler macht. Keine Fehler zu machen ist die Grundlage für die Gewißheit des Sieges, denn es bedeutet, einen Feind zu besiegen, der bereits geschlagen ist.

So bringt sich der umsichtige Kämpfer in eine Position, die die Niederlage unmöglich macht, und er versäumt nicht den richtigen Augenblick, den Feind zu schlagen. So sucht im Krieg der siegreiche Stratege nur dann den Kampf, wenn der Sieg bereits errungen ist, wogegen jener, der zum Untergang verurteilt ist, zuerst kämpft und danach den Sieg sucht. Eine siegreiche Armee, die gegen eine geschlagene antritt, ist wie ein ganzes Pfund gegen ein einziges Korn auf der Waagschale. Der Ansturm der siegreichen Streitkräfte ist wie das Hereinbrechen aufgestauter Wasser in eine tausend Faden tiefe Schlucht.

Der vollendete Anführer hütet das Gesetz der Moral und achtet streng auf Methode und Disziplin; so liegt es in seiner Macht, den Erfolg zu bestimmen.

Soviel zur Taktik.

V
Energie

Die Führung einer großen Streitmacht ist im Prinzip das gleiche wie die Führung einiger weniger Männer: Es kommt nur darauf an, ihre Zahl aufzuteilen. Mit einer großen Armee unter deinem Kommando zu kämpfen ist in keiner Weise anders als der Kampf mit einer kleinen; es kommt nur darauf an, Zeichen und Signale festzulegen.

Benutze direkte und indirekte Manöver, um sicherzustellen, daß deine ganzen Heerscharen der Wucht des feindlichen Angriffs unerschüttert widerstehen. Bei jedem Kampf kann die direkte Methode angewendet werden, wenn die Schlacht beginnt, doch indirekte Methoden sind nötig, um den Sieg sicherzustellen.

Richtig angewendete indirekte Taktiken sind unerschöpflich wie Himmel und Erde, endlos wie das Gleiten von Flüssen und Strömen; wie die Bahnen von Sonne und Mond enden sie, um von neuem zu beginnen; wie die vier Jahreszeiten vergehen sie und kehren wieder.

Es gibt nicht mehr als fünf Musiknoten, doch die Kombinationen dieser fünf lassen mehr Melodien entstehen, als je

---

gehört werden können. Es gibt nicht mehr als fünf Grund-
farben, doch kombiniert erzeugen sie mehr Schattierungen,
als je gesehen werden können. Es gibt nicht mehr als fünf
Geschmacksrichtungen – sauer, scharf, salzig, süß und
bitter –, doch ihre Kombinationen ergeben mehr Ge-
schmacksnoten, als je geschmeckt werden können.

In der Schlacht jedoch gibt es nicht mehr als zwei Angriffs-
methoden – die direkte und die indirekte –, doch diese zwei
ergeben kombiniert eine endlose Reihe von Manövern. Die
direkte und die indirekte Methode gehen ineinander über.
Es ist wie eine Kreisbewegung: Man erreicht nie das Ende.
Wer könnte ihre Kombinationsmöglichkeiten erschöpfen?

Der Ansturm von Truppen ist wie das Brausen eines Stroms,
der auf seinem Weg sogar Steine mitreißt. Die richtige Entscheidung gleicht dem wohlberechneten Herabstoßen eines
Falken, der zuschlägt und sein Opfer tötet. Deshalb ist ein
guter Kämpfer schrecklich im Sturm und rasch in seiner
Entscheidung.

Energie kann mit dem Spannen einer Armbrust verglichen
werden; die Entscheidung mit dem Ziehen des Drückers.

Mitten im Toben und Wogen des Kampfes mag scheinbar
Unordnung herrschen, wo doch keine Unordnung ist; mitten in Verwirrung und Chaos mag dein Gefolge kopflos oder

ziellos erscheinen, und doch wird es vor der Niederlage geschützt sein. Vorgetäuschte Unordnung erfordert perfekte Disziplin; vorgetäuschte Furcht erfordert Mut; vorgetäuschte Schwäche erfordert Stärke. Die Ordnung unter dem Mantel der Unordnung zu verstecken ist einfach eine Frage der Unterteilung; den Mut in scheinbarer Verzagtheit zu verbergen setzt schlummernde Energie voraus; Stärke mit Schwäche zu maskieren ist eine Folge von taktischen Erwägungen.

Zhang You berichtet von Liu Bang, dem ersten Han-Kaiser (256–195 v. Chr.), die folgende Anekdote: Da er wünschte, die Xiongnu zu zerschmettern, schickte er Spione aus, um Berichte über ihre Lage zu bekommen. Doch die Xiongnu waren gewarnt und verbargen sorgfältig alle ihre starken Männer und die gut gefütterten Pferde und ließen nur kranke Soldaten und abgemagertes Vieh sehen. Das Ergebnis war, daß die Spione dem Kaiser einmütig empfahlen, sofort anzugreifen. Nur Lou Jing widersprach ihnen und sagte: »Wenn zwei Länder in den Krieg ziehen, stellen sie für gewöhnlich ihre Stärke betont zur Schau. Doch Eure Spione sahen nichts außer Alter und Krankheit. Dies ist gewiß eine List des Feindes, und es wäre unklug anzugreifen.« Doch der Kaiser verwarf seinen Rat, ging in die Falle und wurde bei Bodeng umzingelt.

Wer also das Geschick besitzt, den Feind in Atem zu halten, baut Täuschungen auf, die den Feind zum Handeln veranlassen. Er opfert etwas, damit der Feind danach greift. Indem er Köder auslegt, hält er ihn in Bewegung; und mit einer Truppe Schwerbewaffneter lauert er ihm auf.

Im Jahre 341 v. Chr. schickte der Staat Qi, der mit Wei im Kriege lag, Tian Qi und Sun Bin gegen General Pang Zhuan, einen persönlichen Todfeind von Sun Bin, ins Feld. Sun Bin sagte: »Der Staat Qi ist für seine Feigheit traurig berühmt, und deshalb verachtet uns unser Gegner. Laßt uns diesen Umstand zu unserem Vorteil nutzen.« So gab er, als die Armee die Grenze von Wei überschritten hatte, den Befehl, am ersten Abend hunderttausend Feuer zu entzünden, am zweiten fünfzigtausend und am folgenden Abend nur noch zwanzigtausend. Pang Zhuan, der ihnen erbittert nachsetzte, sagte sich: »Ich wußte, daß diese Männer von Qi Feiglinge sind; ihre Zahl ist bereits um mehr als die Hälfte geschrumpft.« Auf seinem Rückzug erreichte Sun Bin einen Engpaß, den die Verfolger seiner Schätzung nach spät am Abend erreichen würden. Er ließ einen Baum abschälen und ritzte folgende Worte ins Holz: »Unter diesem Baum wird Pang Zhuan sterben.« Dann, als die Nacht sich senkte, stellte er in einem nahegelegenen Hinterhalt eine starke Abteilung Bogenschützen auf und gab Befehl, sofort zu schießen, wenn sie ein Licht sahen. Als Pang Zhuan später zu diesem Ort kam, sah er den Baum und entfachte ein Licht, um zu lesen, was auf dem Baum geschrieben stand. Sein Körper wurde sofort von zahllosen Pfeilen durchbohrt und seine ganze Armee in Verwirrung versetzt.

Der kluge Kämpfer achtet auf die Wirkung der kombinierten Energie und verlangt nicht zuviel vom einzelnen. Er zieht individuelle Talente in Rechnung und benutzt jeden Mann seinen Fähigkeiten entsprechend. Er verlangt von Unfähigen keine Perfektion.

Wenn er die kombinierte Energie benutzt, wirken seine kämpfenden Männer wie rollende Baumstämme oder Felsen. Denn es ist die Natur eines Baumstammes oder Steins, reglos auf ebenem Grund zu liegen und zu rollen, wenn er auf einen Abhang gerät; wenn er viereckig ist, bleibt er wieder liegen, doch wenn er rund ist, rollt er hinab. So ist die von guten Kämpfern entwickelte Energie wie der Schwung eines runden Steins, der einen tausend Fuß hohen Berg hinunterrollt. Soviel zum Thema Energie.

VI
Schwache und starke Punkte

Benutze die Wissenschaft der schwachen und starken Punkte, damit der Vorsturm deiner Armee den Feind trifft, als würde ein Mahlstein auf ein Ei treffen. Wer als erster auf dem Felde ist und das Kommen des Feindes erwartet, der ist für den Kampf ausgeruht; wer als zweiter aufs Feld kommt und zur Schlacht eilt, der trifft erschöpft ein. Deshalb zwingt der kluge Kämpfer seinem Gegner seinen Willen auf, doch er läßt nicht zu, daß der Gegner ihm den seinen aufzwingt. Indem er ihm einen Vorteil anbietet, kann er den Zeitpunkt bestimmen, zu dem der Feind sich nähert; oder er kann es dem Feind, indem er ihm Schaden zufügt, unmöglich machen näherzurücken. Im ersten Fall wird er ihn mit einem Köder locken; im zweiten wird er an einem wichtigen Punkt zuschlagen, den der Feind schützen muß. Belästige den Feind, wenn er sich Ruhe gönnen will. Zwinge ihn zum Aufbruch, wenn er ruhig lagert. Hungere ihn aus, wenn er gut mit Nahrungsmitteln versorgt ist. Tauche an Punkten auf, die der Feind hastig verteidigen muß. Marschiere rasch zu Orten, an denen du nicht erwartet wirst.

Eine Armee kann ohne Mühe große Entfernungen überwinden, wenn sie durch Gebiete marschiert, in denen der Feind nicht ist. Du kannst sicher sein, mit deinem Angriff Erfolg zu haben, wenn du nur Orte angreifst, die unverteidigt sind. Du kannst die Sicherheit deiner Verteidigung erhöhen, wenn du nur Positionen hältst, die nicht angegriffen werden können. Der General, dessen Gegner nicht weiß, was er verteidigen soll, greift weise an; und er ist ein weiser Verteidiger, wenn sein Gegner nicht weiß, was er angreifen soll.

Der geschickte Angreifer fährt aus den höchsten Höhen des Himmels hernieder, denn so macht er es dem Feind unmöglich, sich gegen ihn zu wappnen. Aus diesem Grund muß er genau die Stellen angreifen, die der Feind nicht verteidigen kann … Der geschickte Verteidiger verbirgt sich in den tiefsten Höhlen der Erde, denn so macht er es dem Feind unmöglich, seinen Aufenthaltsort zu erraten. Aus diesem Grunde sollen genau die Orte gehalten werden, die der Feind nicht angreifen kann.

Oh, die göttliche Kunst der Geschicklichkeit und Verstohlenheit! Durch sie lernen wir, unsichtbar zu sein, durch sie sind wir unhörbar, und damit halten wir das Schicksal des Feindes in unserer Hand. Du kannst vorstürmen und absolut unüberwindlich sein, wenn du die schwachen Punkte des Feindes angehst; du kannst dich zurückziehen und vor Verfolgung sicher sein, wenn deine Bewegungen schneller sind als die des Feindes. Wenn wir kämpfen wollen, können wir den Feind zu Kampfhandlungen zwingen, obwohl er vielleicht hinter hohen Wällen und einem tiefen Graben in Deckung liegt. Alles, was wir dazu tun müssen, ist, einen anderen Ort anzugreifen, so daß er gezwungen ist, Entsatz zu schicken. Wenn der Feind in unser Land eindringt, schneiden wir seine Nachrichtenverbindungen ab und besetzen die Straßen, auf denen er zurückkehren muß; wenn wir in sein Land eindringen, richten wir unseren Angriff gegen den Herrscher selbst.

Wollen wir nicht kämpfen, dann können wir verhindern, daß der Feind uns in einen Kampf verwickelt, auch wenn unser Lager nur von einer Linie auf dem Boden umgeben ist. Alles, was wir dazu tun müssen, ist, ihm etwas Seltsames, Unerklärliches in den Weg zu legen.

Du Mu berichtet eine Kriegslist von Zhuge Liang, der im Jahre 149 v. Chr., als er Yangping besetzt hatte, kurz vor dem Gegenangriff von Sima Yi plötzlich seine Banner einholte, das Trommeln einstellte und die Stadttore öffnen ließ. Hinter dem Tor waren nur einige Männer zu sehen, die den Boden fegten und wässerten. Dieses unerwartete Vorgehen hatte die gewünschte Wirkung, denn Sima Yi vermutete einen Hinterhalt, sammelte seine Armee und zog sich zurück.

Wenn wir die Planung des Feindes aufdecken und selbst unsichtbar bleiben, können wir unsere Streitkräfte konzentriert halten, während der Feind die seinen teilen muß. Wenn die Planung des Feindes offensichtlich ist, können wir ihn im Verband angehen; und wenn wir unsere eigenen Planungen geheimhalten, ist der Feind gezwungen, seine Streitkräfte zu teilen, um sich in allen Richtungen vor Angriffen zu schützen. Wir können einen geeinten Kampfverband bilden, während der Feind sich in Unterabteilungen zersplittern muß. So wird ein Ganzes gegen Teile eines Ganzen stehen, was bedeutet, daß wir viele sind im Vergleich zu wenigen Feinden. Und wenn wir auf diese Weise in der Lage sind, eine unterlegene Streitmacht mit einer überlegenen anzugreifen, sind unsere Gegner dem Untergang geweiht. Die Stelle, an der wir kämpfen wollen, darf nicht bekannt werden, damit der Feind sich an mehreren Stellen auf Angriffe vorbereiten muß; so sind seine Truppen in viele Richtungen verstreut, und die Anzahl derer, denen wir an jedem dieser Punkte gegenüberstehen, wird verhältnismäßig niedrig sein.

Denn: Stärkt der Feind die Front, dann schwächt er seine Nachhut: stärkt er die Nachhut, so schwächt er die Front; stärkt er die linke Flanke, schwächt er die rechte. Wenn er Verstärkungen in alle Richtungen schickt, ist er überall geschwächt.

Zahlenmäßige Schwäche entsteht, wenn man sich gegen mögliche Angriffe wappnen muß; zahlenmäßige Stärke entsteht, wenn wir unseren Feind zwingen, diese Vorbereitungen gegen uns zu treffen. Wenn wir den Ort und die Zeit der bevorstehenden Schlacht wissen, können wir uns aus größter Entfernung auf den Kampf konzentrieren. Sind jedoch weder Ort noch Zeit bekannt, dann ist der linke Flügel unfähig, den rechten zu unterstützen, der rechte unfähig, den linken zu unterstützen, die Vorhut unfähig, die Nachhut zu unterstützen, die Nachhut unfähig, die Vorhut zu unterstützen. Dies ist um so schlimmer, wenn die entferntesten Teile einer Armee hundert *li* voneinander entfernt und sogar die nächsten noch durch einige *li* getrennt sind!

Wenn der Feind uns zahlenmäßig überlegen ist, können wir ihn am Kampf hindern. Versuche, seine Pläne aufzudecken und zu erkennen, wie erfolgversprechend sie sind. Reize ihn, und ergründe das seiner Aktivität oder Inaktivität zugrunde-liegende Prinzip. Zwinge ihn, sich Blößen zu geben, damit du seine verwundbaren Stellen findest. Vergleiche die gegnerische Armee sorgfältig mit deiner eigenen, damit du erkennst, wo ein Übermaß an Kräften herrscht und wo sie fehlen.

Das höchste Ziel bei allen taktischen Entscheidungen muß sein, sie geheimzuhalten; halte deine Entscheidungen geheim, und du bist sicher vor den Augen der geschicktesten Spione und vor den Ränken der klügsten Köpfe.

Was viele nicht verstehen, ist, wie der Sieg mit Hilfe der Taktik des Feindes selbst errungen werden kann.

Alle Menschen können die einzelnen Taktiken sehen, die eine Eroberung möglich machen, doch fast niemand kann die Strategie sehen, aus welcher der Gesamtsieg erwächst.

Militärische Taktik ist dem Wasser ähnlich; denn das Wasser strömt in seinem natürlichen Lauf von hohen Orten herunter und eilt bergab. So muß im Krieg gemieden werden, was stark ist, und geschlagen werden, was schwach ist. Wasser bahnt sich seinen Weg entsprechend der Natur des Bodens, auf dem es fließt; der Soldat erkämpft sich seinen Weg entsprechend der Natur des Feindes, dem er gegenübersteht.

Und wie Wasser keine unveränderliche Form kennt, gibt es im Krieg keine unveränderlichen Bedingungen. Die fünf Elemente – Wasser, Feuer, Holz, Metall und Erde – sind nicht immer im gleichen Verhältnis vorhanden; die vier Jahreszeiten wechseln einander ab. Es gibt kurze und lange Tage; der Mond hat zunehmende und abnehmende Perioden. Wer seine Taktik auf seinen Feind abstimmt und deshalb den Sieg erringt, kann ein vom Himmel geleiteter Anführer genannt werden.

VII

Manöver

Ohne Harmonie im Staate kann kein militärischer Feldzug unternommen werden; ohne Harmonie in der Armee kann kein Kampfverband gebildet werden.

Im Krieg bekommt der General seine Befehle vom Herrscher. Nachdem er eine Armee aufgestellt und die Streitkräfte um sich versammelt hat, muß er deren verschiedene Elemente vereinen und in Harmonie bringen, bevor er sein Lager aufschlägt.

Danach kommen die taktischen Manöver, und es gibt nichts Schwierigeres. Die Schwierigkeit besteht darin, das Ungezielte ins Gezielte zu verwandeln, das Unglück in den Sieg. So zeigt sich die Kunst der *Ablenkung* darin, einen langen, gewundenen Weg zu nehmen, nachdem man den Feind fortgelockt hat, und das Ziel vor ihm zu erreichen, obwohl man nach ihm aufgebrochen ist.

Du Mu erwähnt den berühmten Marsch von Zhao She im Jahre 270 v. Chr., der dem Zweck diente, die Stadt Eyu zu entsetzen, die von einer Qin-Armee eng umzingelt war. Der König von Zhao fragte zunächst Bian Po, ob es ratsam sei, einen Entlastungsangriff zu versuchen, doch dieser hielt die Entfernung für zu groß und das dazwischenliegende Gelände für zu zerklüftet und schwierig. Darauf wandte sich Seine Majestät an Zhao She, der zwar einräumte, daß der Marsch sehr schwierig sei, doch schließlich erklärte: »Wir werden sein wie zwei Ratten, die in einem Loch kämpfen – und die beherztere wird gewinnen!«

So verließ er die Hauptstadt mit seiner Armee, doch schon nach dreißig *li* hielt er an und begann, Gräben auszuheben. Achtundzwanzig Tage lang verstärkte er seine Befestigungen und achtete darauf, daß der Feind davon erfuhr. Der Qin-General war höchst erfreut und schrieb das Zögern seines Gegners der Tatsache zu, daß die belagerte Stadt im Staate Han lag und nicht zum Gebiet von Zhao gehörte. Doch kaum hatten sich die Spione entfernt, da begann Zhao She einen Gewaltmarsch, der zwei Tage und eine Nacht dauerte, und traf so überraschend schnell vor der Stadt ein, daß er eine versteckte und äußerst günstige Stellung einnehmen konnte, ehe der Feind noch von seinen Truppenbewegungen erfuhr. Die Qin-Truppen wurden vernichtend geschlagen und mußten in aller Eile die Belagerung von Eyu aufgeben und sich über die Grenze zurückziehen.

Es ist vorteilhaft, die Armee zu bewegen; mit einem undisziplinierten Haufen jedoch ist es höchst gefährlich. Wenn du eine voll ausgerüstete Armee in Marsch setzt, um einen Vorteil zu erringen, besteht die Möglichkeit, daß du zu spät kommst. Wenn du andererseits eine leicht ausgerüstete Abteilung vorausschickst, bedeutet dies, daß deren Gepäck und Vorräte geopfert werden.

Wenn du also deinen Männern befiehlst, die Ärmel ihrer Büffellederjacken hochzukrempeln und ohne Halt Tag und Nacht über hundert *li*, das Doppelte der gewöhnlichen Strecke, zu marschieren, um einen Vorteil zu erringen, dann werden die Anführer deiner drei Divisionen dem Feind in die Hände fallen. Die stärkeren Männer werden vorn sein, die erschöpften werden zurückfallen, und so wird nur ein Zehntel deiner Armee ihr Ziel erreichen. Wenn du fünfzig *li* marschierst, um den Feind auszumanövrieren, wirst du den Führer deiner ersten Division verlieren, und nur die Hälfte deiner Armee wird das Ziel erreichen. Wenn du aus dem gleichen Grund dreißig *li* marschierst, werden zwei Drittel deiner Armee ankommen. Eine Armee ohne ihren

Troß ist verloren; ohne Proviant ist sie verloren; ohne Versorgungslage ist sie verloren.

Wir können uns nicht auf Bündnisse einlassen, solange wir nicht mit den Plänen unserer Nachbarn vertraut sind. Wir sind nicht fähig, eine Armee auf den Marsch zu führen, wenn wir nicht mit den Eigenschaften des Landes vertraut sind – mit den Bergen und Wäldern, den Fallgruben und Steilklippen, den Mooren und Sümpfen. Wir werden auch natürliche Vorteile nicht für uns nutzen können, wenn wir keine ortskundigen Führer einsetzen.

Übe im Krieg die Verstellung und du wirst siegen. Bewege dich nur, wenn ein wirklicher Vorteil zu gewinnen ist. Lasse die Umstände bestimmen, ob du deine Truppen konzentrierst oder teilst. Deine Schnelligkeit soll sein wie die des Windes, deine Festigkeit wie die des Waldes. Beim Angriff und Plündern sei wie das Feuer; wenn du dich nicht weiterbewegst, sei wie ein Berg.

Deine Pläne sollen dunkel und undurchdringlich sein wie die Nacht, und wenn du dich bewegst, dann stürze herab wie ein Blitzschlag. Wenn du ein Land plünderst, dann lasse die Beute unter deinen Männern verteilen; wenn du neues Land besetzt, dann teile es in Parzellen und gib sie deinen Soldaten.

Überlege jede Bewegung ganz genau. Siegen wird, wer den Kunstgriff der Täuschung beherrscht. Dies ist die Kunst des Manövrierens.

Denn wie das alte *Buch der Armeeführung* sagt: Auf dem Schlachtfeld dringt das gesprochene Wort nicht weit genug; deshalb werden Gongs und Trommeln benutzt. Ebensowenig sind gewöhnliche Gegenstände deutlich sichtbar; deshalb werden Banner und Flaggen benutzt. Gongs und Trommeln, Banner und Flaggen sind Mittel, durch welche Ohren und Augen der Truppen auf einen bestimmten Punkt konzentriert werden. So bilden die Truppen einen geeinten Körper, und es ist dem Tapferen unmöglich, allein vorzustürmen, und dem Feigen unmöglich, sich allein zurückzuziehen.

Du Mu erzählt in diesem Zusammenhang eine Geschichte von Wu Qi, der etwa im Jahre 200 v. Chr. gegen den Staat Qin kämpfte. Bevor die Schlacht begann, schlich ein einzelner Soldat, ein Mann von unvergleichlichem Wagemut, zum Feind, nahm zwei Anführer des Feindes gefangen und kehrte ins Lager zurück. Wu Qi ließ den Mann sofort enthaupten, worauf ein Offizier mit den Worten widersprach: »Dieser Mann war ein guter Soldat und hätte nicht enthauptet werden dürfen.« Wu Qi erwiderte: »Ich bin überzeugt, daß er ein guter Soldat war, doch ich ließ ihn enthaupten, weil er ohne Befehl handelte.«

Dies ist die Kunst, große Massen von Männern anzuführen. Also benutze, wenn du nachts kämpfst, Signalfeuer und Trommeln und wenn du tagsüber kämpfst, Flaggen und Banner, um die Augen und Ohren deiner Armee zu führen. Man kann einer ganzen Armee den Kampfgeist rauben; man kann einem Kommandanten seine Geistesgegenwart rauben.

Li Chuan berichtet eine Anekdote von Cao Gui, einem Schützling des Fürsten Zhuang von Lu. Sein Staat wurde von Qi angegriffen, und der Fürst wollte sich nach dem ersten Schlagen der feindlichen Trommeln in den Kampf stürzen, doch Cao sagte: »Noch nicht.« Erst als die Trommeln zum drittenmal geschlagen hatten, gab er den Befehl zum Angriff. Dann kämpften sie, und die Männer von Qi wurden vernichtend geschlagen. Als der Fürst ihn später nach der Bedeutung dieser Verzögerung fragte, erwiderte Cao Gui: »Im Kampf ist ein mutiger Geist alles.

Das erste Trommelschlagen erweckt diesen Geist, doch beim zweiten schwindet er bereits, und nach dem dritten ist er ganz verschwunden. Ich griff an, als ihr Geist sie verlassen hatte und unserer auf dem Höhepunkt war. Deshalb siegten wir. Der Wert einer ganzen Armee – eines mächtigen Verbandes von einer Million Männer – hängt von einem Mann allein ab: Dies ist der Einfluß des Geistes.«

Nun ist der Geist eines Soldaten morgens am schärfsten; zu Mittag läßt er bereits nach; und am Abend hat er nur im Sinn, ins Lager zurückzukehren. Deshalb meidet ein kluger General eine Armee, deren Geist geschärft ist, und greift an, wenn die Männer nachlässig sind und an die Rückkehr denken. Dies ist die Kunst, die Stimmungen zu studieren. Diszipliniert und ruhig wartet er auf Anzeichen von Unordnung und Durcheinander beim Feind. Dies ist die Kunst, die Selbstbeherrschung zu bewahren.

Nahe am Ziel zu sein, während der Feind noch weit entfernt ist; gelassen zu warten, während der Feind sich müht und schindet; gut genährt zu sein, während der Feind ausgehungert ist – dies ist die Kunst, die eigenen Kräfte einzuteilen. Sich davor zurückzuhalten, einen Feind zu stellen, dessen

Banner eine vollkommene Ordnung zeigen; sich davor zurückzuhalten, eine Armee anzugreifen, die ruhig und zuversichtlich im Verband anrückt – dies ist die Kunst, die Umstände zu studieren.

Es ist ein militärischer Leitsatz, nicht bergauf gegen den Feind anzutreten und sich ihm nicht zu stellen, wenn er bergab kommt. Verfolge keinen Feind, der die Flucht vortäuscht. Greife keine Soldaten an, die auf den Kampf warten. Schlucke keinen Köder, den der Feind anbietet.

Greife keine Armee an, die nach Hause zurückkehrt, denn ein Mann, der darauf brennt, nach Hause zurückzukehren, kämpft todesmutig gegen jeden, der sich ihm in den Weg stellt; deshalb ist er kein Gegner, den man angreifen sollte. Lasse ein Schlupfloch frei, wenn du eine Armee umzingelst. Das bedeutet nicht, daß es dem Feind erlaubt wird zu fliehen. Der Grund ist, ihn glauben zu machen, daß es einen Weg in die Sicherheit gibt, um ihn daran zu hindern, mit dem Mut der Verzweiflung zu kämpfen.

Denn du darfst einen verzweifelten Gegner nicht zu hart bedrängen.

He Shi illustriert dies mit einer Geschichte aus dem Leben von Fu Yanqing. Dieser General wurde im Jahr 945

n. Chr. von einer weit überlegenen Khitan-Armee umzingelt. Das Land war öde und glich einer Wüste, und der kleinen chinesischen Truppe machte der Wassermangel schwer zu schaffen. Die Brunnen, die sie bohrten, trockneten aus, und die Männer mußten Schlammbrocken ausdrücken und die Feuchtigkeit heraussaugen. Ihre Reihen lichteten sich schnell, bis Fu Yanqing schließlich rief: »Wir sind verzweifelt. Wir wollen lieber für unser Land sterben als mit gebundenen Händen in die Gefangenschaft gehen!« Im Nordosten erhob sich ein schwerer Sturm und verdunkelte die Luft mit dichten Staubwolken. Du Zhongwei wollte warten, bis der Sturm nachgelassen hatte, ehe das Heer einen letzten Angriff versuchte; doch glücklicherweise erkannte ein anderer Offizier, Li Shouzheng, die Gelegenheit und sagte: »Sie sind viele und wir sind wenige, doch in diesem Sandsturm ist unsere Anzahl nicht zu schätzen. Der Sieg wird dem unermüdlichen Kämpfer gehören, und der Wind ist unser bester Verbündeter.« So griff Fu Yanqing plötzlich und unerwartet mit seiner Kavallerie an, schlug die Barbaren und überwand glücklich die Gefahr.

Dies ist die Kunst der Kriegführung.

VIII

Taktische Varianten

Schlage kein Lager auf, wenn du in schwierigem Gelände bist. Schließe dich in Gegenden, wo sich große Straßen kreuzen, mit deinen Verbündeten zusammen. Halte dich nicht lange in gefährlich isolierten Positionen auf. Wenn du eingeschlossen wirst, mußt du eine Kriegslist anwenden. Wenn du in einer hoffnungslosen Position bist, mußt du kämpfen.

Es gibt Straßen, denen du nicht folgen, und Städte, die du nicht belagern darfst.

Vor fast zweiundzwanzig Jahrhunderten, als er in das Gebiet von Xuzhou eindrang, ignorierte Cao Gongcou die Stadt Huabi, die direkt an seinem Wege lag, und stieß weiter ins Herz des Landes vor. Diese ausgezeichnete Strategie wurde damit belohnt, daß es ihm gelang, nicht weniger als vierzehn wichtige Bezirkshauptstädte einzunehmen. »Eine Stadt, die nicht gehalten werden kann, nachdem sie eingenommen wurde, oder die, wenn man sie sich selbst überläßt, keine Schwierigkeiten macht, sollte nicht angegriffen werden.« Xun Ying erwiderte, als er aufgefordert wurde, Biyang anzugreifen: »Die Stadt ist klein und gut befestigt. Selbst wenn es mir gelingt, sie einzunehmen, wird es keine Heldentat sein. Wenn ich dagegen scheitere, mache ich mich lächerlich. Es ist ein großer Fehler, Männer auf die Eroberung einer Stadt zu verschwenden, wenn die gleichen Verluste an Soldaten eine Provinz einbringen können.«

Es gibt Armeen, die nicht angegriffen werden dürfen, Stellungen, um die nicht gefochten, Befehle des Herrschers, denen nicht gehorcht werden darf. Der General, der die Vorteile von taktischen Varianten gut versteht, weiß, wie er seine Truppen führen muß.
Der General, der dies nicht versteht, wird trotz seiner Kenntnisse über die Eigenschaften des Landes nicht fähig sein, dieses Wissen praktisch anzuwenden.

Im Jahre 404 n. Chr. verfolgte Liu You den Rebellen Huan Xuan den Yangtse hinauf und bekämpfte ihn vor der Insel Chenghong in einer Seeschlacht. Die königstreuen Truppen zählten nur einige Tausend, während ihre Gegner eine große Streitmacht stellten. Doch Huan Xuan, der wußte, welches Schicksal ihn im Falle seiner Niederlage erwartete, ließ an der Seite seiner Kriegsdschunke ein kleines Boot festmachen, damit er, falls nötig, binnen weniger Augenblicke fliehen konnte. Das Ergebnis war natürlich, daß der Kampfgeist seiner Soldaten erheblich gedämpft wurde, und als die Königstreuen aus der Windrichtung mit Brandschiffen angriffen, jedermann begierig, sich als erster in den Kampf zu stürzen, wurden Huan Xuans Streitkräfte geschlagen, mußten alle ihre Vorräte dem Feuer überlassen und flohen ohne Halt zwei Tage und zwei Nächte.

In den Plänen des weisen Führers fließt die Betrachtung von Vorteilen und Nachteilen zusammen. Wenn unsere Erwartung eines Vorteils auf diese Weise gemäßigt wird, können wir den wesentlichen Teil unserer Pläne verwirklichen. Wenn wir andererseits auch in den größten Schwierigkeiten immer bereit sind, einen Vorteil zu ergreifen, können wir uns vor Unglück hüten.

Schwäche die feindlichen Anführer, indem du ihnen Schaden zufügst; mache ihnen Schwierigkeiten und halte sie ständig in Atem; täusche sie mit Verlockungen und lasse sie jeweils zu dem Ort eilen, den du bestimmst.

Jia Lin ergänzt diesen Teil mit einigen Methoden, wie man dem Feind schadet: Locke die besten und klügsten Männer des Feindes fort, damit er keine Ratgeber mehr hat. Schleuse Verräter in sein Land ein, damit die Politik der Regierung behindert wird. Schüre Intrigen und Täuschung, und säe Zwiespalt zwischen dem Herrscher und seinen Ministern. Verwende jegliche schlaue List darauf, seine Männer zu verderben, und sorge dafür, daß er seinen Staatsschatz verschwendet. Untergrabe seine Moral durch heimtückische Geschenke, die ihn maßlos machen. Lenke ihn ab und verwirre ihn, indem du ihm schöne Frauen gibst.

Die Kunst des Krieges lehrt uns, nicht darauf zu hoffen, daß der Feind nicht kommt, sondern darauf zu bauen, daß wir bereit sind, ihn zu empfangen; nicht auf die Möglichkeit, daß er nicht angreift, sondern auf die Tatsache, daß wir unsere Stellung uneinnehmbar gemacht haben.

Es gibt fünf gefährliche Fehler, die jeder General begehen kann. Die beiden ersten sind: Unbekümmertheit, da sie zur Vernichtung führt; und Feigheit, da sie zur Gefangennahme führt.

Der nächste ist ein empfindliches Ehrgefühl, das für Scham

empfänglich ist; und ein ungezügeltes Temperament, das durch Beleidigungen provoziert werden kann.

Yao Xiang, der im Jahre 357 n. Chr. von Huang Mei, Deng Qiang und anderen angegriffen wurde, verbarg sich hinter seinen Mauern und weigerte sich zu kämpfen. Deng Qiang sagte: »Unser Feind hat ein cholerisches Temperament und ist leicht zu provozieren; wir wollen immer wieder Ausfälle machen und seine Mauern einreißen, damit er zornig wird und herauskommt. Wenn wir seine Streitkräfte einmal dazu bringen zu kämpfen, dann ist er dem Untergang geweiht.« Dieser Plan wurde ausgeführt, Yao Xiang stellte sich dem Kampf, wurde durch die vorgetäuschte Flucht des Feindes bis Sanyuan hinausgelockt und schließlich angegriffen und geschlagen.

Der letzte dieser Fehler ist übergroße Sorge um das Wohl der Männer, die den General anfällig macht für Kummer und Schwierigkeiten, denn am Ende leiden die Truppen mehr unter der Niederlage oder bestenfalls der Verlängerung des Krieges, welche die Folge sein werden.
Dies sind die fünf schrecklichen Sünden eines Generals, die für die Kriegführung verhängnisvoll sind.

Wenn eine Armee bezwungen und der Anführer erschlagen wird, ist gewiß einer dieser fünf gefährlichen Fehler die Ursache. Mache sie zum Gegenstand deiner Meditation.

IX

Die Armee auf dem Marsch

$\mathbf{W}$er nicht vorausdenkt, sondern seine Gegner zu leicht nimmt, wird gewiß von ihnen gefangen. Wenn die Armee lagern soll, dann überquere Berge rasch und halte dich in der Nähe von Tälern auf.

Wudu Qiang war ein Räuberhauptmann zur Zeit der späten Han, etwa im Jahre 50 n. Chr., und Ma Yuan wurde geschickt, um seine Bande aufzulösen. Da Qiang einen Schlupfwinkel in den Bergen gefunden hatte, machte Ma Yuan keinen Versuch, einen Kampf zu erzwingen, sondern besetzte alle wichtigen Positionen und kontrollierte die Nachschubwege für Wasser und Geräte. Qiang gingen bald die Vorräte aus, und er war so verzweifelt, daß ihm nichts übrigblieb, als kampflos aufzugeben. Er kannte nicht den Vorteil, sich in der Nähe von Tälern zu halten.

Lagere an hohen, sonnigen Orten. Nicht auf Bergen, sondern auf Erhebungen oder Hügeln, die aus dem Umland emporragen. Klettere nicht auf Anhöhen, um zu kämpfen. Entferne dich sofort von einem Fluß, nachdem du ihn überquert hast. Wenn eine eindringende Streitmacht beim Marschieren einen Fluß überquert, dann stelle sie nicht mitten im Strom. Das beste ist, die Hälfte der Armee hinüber zu lassen und dann anzugreifen.

Li Chuan berichtet von dem großen Sieg, den Han Xin etwa 100 v. Chr. am Fluß Wei über Long Zhu errang: Die beiden Armeen bezogen einander gegenüber an den Flußufern Stellung. In der Nacht befahl Han Xin seinen Männern, mehr als zehntausend Säcke mit Sand zu füllen und ein Stück stromaufwärts einen Damm zu bauen. Dann führte er die Hälfte seiner Armee hinüber und griff Long Zhu an; doch nach einer Weile tat er so, als wäre sein Angriff gescheitert, und zog sich eilig auf sein Ufer zurück. Long Zhu war entzückt über diesen unerwarteten Erfolg und rief: »Ich wußte, daß Han Xin ein Feigling ist!« Er verfolgte ihn und begann seinerseits, den Fluß zu überqueren. Nun schickte Han Xin einige Männer flußaufwärts, um die Sandsäcke aufzuschlitzen und so den Fluten freien Lauf zu lassen. Das Wasser strömte herab und hinderte den größten Teil von Long Zhus Armee daran, den Fluß zu überqueren. Dann stellte Han Xin den Teil der Truppe, der abgeschnitten war, und vernichtete ihn; Long Zhu selbst war unter den Getöteten. Der Rest der Armee auf dem anderen Ufer löste sich auf, und die Männer flohen in alle Richtungen.

Wenn du kämpfen willst, dann stelle den Eindringling nicht in der Nähe eines Flusses, den er überqueren muß. Vertäue dein Schiff statt dessen oberhalb vom Feind, und zwar gegen die Sonne. Fahre nicht stromauf, um dich dem Feind zu stellen. Deine Flotte darf nicht stromab vom Feind verankert sein, denn sonst könnte der Feind die Strömung für sich nutzen und dich mit Leichtigkeit bezwingen.

Wenn du Salzsümpfe überquerst, muß es deine einzige Sorge sein, sie ohne Verzögerung rasch hinter dir zu lassen, denn dort gibt es kein Süßwasser, die Tiere finden kein Futter, und schließlich sind diese Gegenden niedrig gelegen, flach und ungeschützt. Falls du gezwungen bist, in einem Salzsumpf zu kämpfen, solltest du darauf achten, Wasser und Gras in der Nähe zu haben und ein Gehölz im Rücken.

Auf trockenem, ebenem Grund suche dir eine leicht zugängliche Stellung mit ansteigendem Gelände zu deiner Rechten und hinter dir, so daß die Gefahr vor dir ist und die Sicherheit in deinem Rücken.

Jede Armee zieht hohes Gelände niedrigem vor, sonnige Positionen den dunklen. Flaches Gelände ist nicht nur feucht und ungesund, sondern auch ein Nachteil im Kampf. Wenn du auf die Gesundheit deiner Männer achtest und auf hartem Untergrund lagerst, wird deine Armee von jeder Krankheit verschont bleiben, und dies wird dir zum Sieg verhelfen.

Wenn du einen Hügel oder ein Flußufer erreichst, dann besetze die sonnige Seite und achte darauf, daß der Hang rechts in deinem Rücken ist. Dies ist besser für deine Soldaten, und du nutzt die natürlichen Vorteile des Geländes für dich.

Wenn dagegen durch schwere Gewitter im Oberland ein Fluß, den du überqueren willst, angeschwollen ist und Schaumkronen hat, dann warte, bis die Strömung nachläßt. Gelände, in dem es Schluchten mit Gebirgsströmen gibt, tiefe natürliche Senken, von Schranken umgebene Stellen, undurchdringliche Dickichte, Sümpfe und Bodenspalten, solltest du meiden oder mit höchstmöglicher Geschwindigkeit verlassen. Während wir uns von solchen Orten fernhalten, sollten wir den Feind zu ihnen hintreiben; während wir mit dem Gesicht zu ihnen stehen, sollte der Feind sie im Rücken haben.

Wenn es in der Nähe deines Lagers hügeliges Gelände gibt, Teiche, die von Wasserpflanzen umgeben sind, schilfbestandene Becken oder Wälder mit dichtem Unterholz, dann müssen sie sorgfältig erkundet und durchsucht werden; denn dies sind Orte, an denen der Feind uns einen Hinterhalt legen oder heimtückische Spione sich verstecken könnten.

Wenn der Feind in der Nähe ist und sich still verhält, dann baut er auf die natürliche Stärke seiner Position. Wenn er sich überheblich gibt und versucht, einen Kampf zu provozieren, dann will er, daß du den ersten Schritt tust. Wenn sein Lagerplatz leicht zugänglich ist, dann wirft er einen Köder aus.

Bewegen sich die Bäume eines Waldes, so ist das ein Zeichen für das Näherrücken eines Feindes. Wenn ein Kundschafter sieht, daß die Bäume eines Waldes sich bewegen und schwanken, sollte er erkennen, daß der Feind gerade im Begriff ist, sie zu fällen, um einen Weg für seine Truppen zu bahnen.

Das Auftauchen einiger Schutzschilde in dichtem Gras bedeutet, daß der Feind uns mißtrauisch machen will.

Wenn Vögel in ihrem Flug plötzlich höher steigen, ist dies ein Zeichen für einen Hinterhalt an der Stelle unter ihnen. Das Erschrecken wilder Tiere weist darauf hin, daß ein Überraschungsangriff bevorsteht.

Wenn Staub in einer hohen Säule emporsteigt, ist das ein Zeichen für näherrückende Wagen; wenn der Staub niedrig bleibt und sich über ein weites Gebiet ausbreitet, ist das ein Zeichen für das Vorrücken von Infanterie. Wenn der Staub sich in verschiedene Richtungen verstreut, bedeutet dies, daß Gruppen zum Sammeln von Feuerholz ausgeschickt wurden. Einige wenige Staubwolken, die sich hin und her bewegen, zeigen an, daß die Armee lagert.

Demütige Worte und eifrige Vorbereitungen sind Zeichen dafür, daß der Feind vorrücken wird. Eine gemeine Sprache und wütendes Anstürmen, als wolle er angreifen, ist ein Zeichen dafür, daß er sich zurückziehen wird. Wenn die leichten Wagen zuerst kommen und an den Flügeln Position beziehen, ist es ein Zeichen, daß der Feind sich zum Kampf aufstellt. Friedensvorschläge, die nicht von einem beschworenen Abkommen begleitet werden, deuten auf einen Schachzug hin. Wenn es viel Unruhe gibt und die Soldaten sich in Reih und Glied aufstellen, bedeutet dies, daß der entscheidende Augenblick gekommen ist. Wenn zu sehen ist, daß einige vorrücken und einige sich zurückziehen, ist es eine Täuschung.

Im Jahre 279 v. Chr. hatte Tian Dan vom Staate Qi bei der Verteidigung der Stadt Jimo einen schweren Stand gegen die Streitkräfte von Yan, die von Qi Jie angeführt wurden.

Tian Dan sagte öffentlich: »Meine einzige Sorge ist, daß die Yan-Armee ihren Qi-Gefangenen die Nasen abschneidet und sie in die erste Reihe stellt, damit sie gegen uns kämpfen. Das wäre der Untergang unserer Stadt.«

Die andere Seite, die von seiner Rede erfuhr, führte diesen Einfall sofort aus. Doch die Menschen in der Stadt wurden zornig, als sie ihre verstümmelten Mitbürger sahen, und fürchteten um so mehr, dem Feind in die Hände zu fallen. Sie kämpften und verteidigten sich hartnäckiger als je zuvor.

Tian Dan schickte abermals übergelaufene Spione zum Feind zurück, die diese Worte berichteten:

»Was ich am meisten fürchte, ist, daß die Männer von Yan die Gräber unserer Vorfahren außerhalb der Stadt freilegen und unsere Herzen schwächen, indem sie unseren Vorvätern diese Schande antun.«

Und sofort gruben die Belagerer alle Gräber aus und verbrannten die Leichen, die in ihnen lagen. Und die Einwohner von Jimo, die diese Schändung von der Stadtmauer aus beobachteten, weinten heftig und konnten es kaum erwarten, hinauszustürmen und zu kämpfen, denn ihr Zorn war zehnmal größer als zuvor.

Tian Dan wußte nun, daß seine Soldaten für jedes Unternehmen bereit waren. Doch statt eines Schwertes nahm er eine Hacke in die Hände und befahl, an seine besten Krieger ebenfalls Hacken zu verteilen, während die Reihen durch ihre Frauen und Konkubinen ergänzt wurden. Dann ließ er die übriggebliebenen Rationen verteilen und forderte seine Männer auf, sich satt zu essen. Den gewöhnlichen Soldaten wurde befohlen, sich außer Sicht zu halten, und die Mauern wurden mit älteren und schwächeren Männern und mit Frauen besetzt. Darauf wurden Botschafter zum Lager des Feindes geschickt, um die Bedingungen für eine Kapitulation auszuhandeln, worauf die Yan-Armee in Freudenschreie ausbrach. Tian Dan sammelte außerdem unter seinem Volk zwanzigtausend Unzen Silber und veranlaßte die reichen Bürger von Jimo, das Silber zum Yan-General zu schicken mit der Bitte, er möge verhindern, daß ihre Häuser geplündert und die Frauen mißhandelt würden, wenn die Stadt kapitulierte.

Qi Jie, der guter Dinge war, wollte diese Bitte erfüllen, doch seine Armee wurde immer nachlässiger und sorgloser. Tian Dan sammelte unterdessen tausend Ochsen, bedeckte sie mit Tüchern aus roter Seide, malte ihre Körper mit farbigen Streifen an, damit sie wie Drachen aussahen, und befestigte scharfe Klingen an ihren Hörnern und geölte Binsen an ihren Schwänzen. Als die Nacht kam, entzündete er die Enden der Binsenbüschel und trieb die Ochsen durch einige Löcher, die er in die Mauern gebrochen hatte, hinaus, und schickte fünftausend ausgesuchte Krieger hinterher. Die vor Schmerz irren Tiere rasten zornig ins Lager des Feindes, wo sie Verwirrung und Entsetzen verursachten; denn ihre Schwänze wirkten wie Fackeln und beleuchteten die schrecklichen Muster auf ihren Körpern, und die Waffen auf ihren Hörnern verwundeten jeden, der ihnen in den Weg kam. In der Zwischenzeit waren die Fünftausend mit Knebeln in den Mündern herangekrochen und warfen sich auf den Feind. Im gleichen Augenblick erhob sich in der Stadt ein schrecklicher Lärm; die Zurückgebliebenen sollten soviel Krach wie möglich machen, indem sie Trommeln schlugen und auf Bronzekrüge hämmerten, bis das Getöse Himmel und Erde erschütterte.

Die erschreckte Yan-Armee floh Hals über Kopf und wurde sofort von den Männern von Qi verfolgt, die schließlich auch den General Qi Jie erschlugen. Das Ergebnis dieser Schlacht war die Rückeroberung von etwa siebzig Städten, die zum Staate Qi gehört hatten.

Wenn die Soldaten sich beim Stehen auf ihre Speere stützen, dann sind sie schwach vor Hunger. Wenn jene, die zum Wasserholen geschickt werden, zuerst selbst trinken, dann leidet die Armee an Durst. Wenn der Feind einen Vorteil sieht und keinen Versuch macht, ihn zu nutzen, sind die Soldaten erschöpft.

Wenn sich Vögel an einer Stelle sammeln, ist sie nicht besetzt: eine nützliche Art festzustellen, ob der Feind heimlich sein Lager verlassen hat.

Lärm in der Nacht verrät Nervosität. Furcht macht ruhelos, so daß die Männer nachts laut rufen, um nicht den Mut zu verlieren. Wenn es Unruhe im Lager gibt, ist die Autorität des Generals schwach. Wenn die Banner und Flaggen bewegt werden, steht eine Meuterei bevor. Wenn die Offiziere zornig sind, bedeutet das, daß die Männer müde sind.

Wenn eine Armee die Pferde mit Korn füttert und das Vieh schlachtet, um zu essen, und wenn die Männer ihre Kochtöpfe nicht über die Lagerfeuer hängen und damit zeigen, daß sie nicht zu ihren Zelten zurückkehren werden, dann mußt du wissen, daß sie entschlossen sind, bis zum Tode zu kämpfen.

Der Rebell Wang Guo von Liang belagerte die Stadt Chencang, und Huangfu Song, der das Oberkommando hatte, und Dong Zhuo wurden gegen ihn ausgesandt. Dong Zhuo drängte darauf, schnell zu handeln, doch Song wollte nicht auf seinen Rat hören. Schließlich waren die Rebellen völlig erschöpft und begannen, ohne Aufforderung die Waffen zu strecken.

Song wollte nun zum Angriff vorrücken, doch Zhuo sagte: »Es ist ein Prinzip des Krieges, verzweifelte Männer nicht zu verfolgen und eine Truppe, die sich zurückzieht, nicht zu bedrängen.«

Song antwortete: »Das gilt hier nicht. Was ich angreifen will, ist eine halb aufgelöste Armee, keine Truppe im Rückzug. Ich falle mit disziplinierten Truppen über einen wilden Haufen her und nicht über eine Gruppe verzweifelter Männer.« Darauf blies er auch ohne die Hilfe seines

Kollegen zum Angriff und vernichtete den Feind. Wang Guo wurde erschlagen.

Wenn Gesandte mit Artigkeiten geschickt werden, ist es ein Zeichen, daß der Feind einen Waffenstillstand wünscht. Wenn die Truppen des Feindes zornig heranstürmen und lange vor uns stehen, ohne den Kampf zu beginnen oder unseren Abzug zu verlangen, erfordert die Lage große Wachsamkeit und Umsicht.

Überheblich zu beginnen und danach vor der Zahl des Feindes zurückzuschrecken ist ein Beweis für einen außergewöhnlichen Mangel von Intelligenz.

Wenn unsere Truppen dem Feind zahlenmäßig auch nicht überlegen sind, so reicht das doch aus; es bedeutet nur, daß ein direkter Angriff nicht möglich ist. Was wir tun können, ist einfach, unsere ganze verfügbare Kraft zu konzentrieren, den Feind genau zu beobachten und auf Verstärkung zu warten.

Der Anblick von Männern, die in kleinen Gruppen flüsternd zusammenstehen oder halblaut miteinander sprechen, ist ein Hinweis auf Unzufriedenheit in den Reihen. Zu häufige Belohnungen sind ein Zeichen dafür, daß der Feind am Ende seiner Kräfte ist, denn wenn eine Armee bedrängt ist, besteht immer die Gefahr einer Meuterei, und es werden großzügige Belohnungen gegeben, um die Männer bei Laune zu halten. Zu viele Bestrafungen sind ein Anzeichen für schlimme Nöte, denn in solchen Situationen läßt die Disziplin nach, und unnachgiebige Strenge ist nötig, um die Männer an ihre Pflichten zu erinnern.

Wenn Soldaten bestraft werden, bevor du sie für dich gewonnen hast, werden sie nicht unterwürfig sein; und wenn sie nicht unterwürfig sind, werden sie praktisch nutzlos sein. Werden jedoch, sobald die Soldaten dir zugetan sind, die verdienten Strafen nicht verhängt, dann werden die Männer ebenfalls nutzlos sein. Deshalb müssen Soldaten vor allem menschlich behandelt, doch mit eiserner Disziplin unter Kontrolle gehalten werden. Dies ist eine sichere Straße zum Sieg.

Yanzi (493 v. Chr.) sagte über Sima Xiangru: Wegen seiner zivilen Tugenden war er beim Volk beliebt, vor seinem Kampfesmut erzitterten die Feinde. Der ideale Kommandant vereint Kultur mit einer kriegerischen Wesensart; der Beruf des Soldaten erfordert eine Kombination von Strenge und Nachsicht.

Wenn bei der Ausbildung der Soldaten jeder Verstoß bestraft wird, dann wird die Armee gut diszipliniert sein; wenn nicht, wird die Disziplin schlecht sein.

Wenn ein General sein Vertrauen zu seinen Männern zeigt, doch immer darauf besteht, daß seine Befehle befolgt werden, dann werden beide einen Gewinn daraus ziehen. Die Kunst, Befehle zu geben, besteht darin, bei kleinen Verstößen nicht zu hart zu strafen und bei kleinen Zweifeln nicht zu schwanken. Unsicherheit und übergroße Strenge sind die sichersten Methoden, das Selbstvertrauen einer Armee zu untergraben.

X
Terrain

Wir können sechs Arten von Terrain unterscheiden: zugängliches Gelände, behinderndes Gelände, ausgleichendes Gelände, enge Pässe, steile Anhöhen, Positionen, die weit vom Feind entfernt sind.

Gelände, das von beiden Seiten frei betreten werden kann, wird *zugänglich* genannt. In diesem Gelände bekämpfst du den Feind, indem du die erhöhten und sonnigen Stellen besetzt und sorgfältig darauf achtest, daß deine Nachschublinien nicht unterbrochen werden. Dann kannst du mit einem Vorteil auf deiner Seite kämpfen.

Gelände, das verlassen werden kann, das jedoch schwer zurückzuerobern ist, wird *behindernd* genannt. Wenn der Feind unvorbereitet ist, kannst du aus einer solchen Position vorpreschen und ihn schlagen. Doch wenn der Feind auf dein Kommen vorbereitet ist und du ihn nicht schlägst, dann ist dir, da die Rückkehr nicht möglich ist, die Niederlage sicher.

Wenn die Position so ist, daß keine Seite gewinnt, wenn sie den ersten Schritt tut, wird das Gelände *ausgleichend* genannt, und die Situation ist festgefahren. Auch wenn in einer solchen Situation der Gegner einen attraktiven Köder anbietet, ist es ratsam, nicht vorzudringen, sondern sich zurückzuziehen, um dadurch umgekehrt den Feind zu verlocken; wenn dann ein Teil seiner Armee herausgekommen ist, kannst du angreifen und hast den Vorteil auf deiner Seite. Wenn du *enge Pässe* vor deinem Feind besetzen kannst, dann lege dort starke Truppen in Garnison und warte das Kommen des Feindes ab. Wenn der Feind dir mit der Besetzung eines Passes zuvorkommt, dann verfolge ihn nicht, wenn der Paß voll bemannt ist, sondern nur, wenn er schwach bemannt ist.

Wenn du bei *steilen Anhöhen* deinem Gegner voraus bist, dann besetze die erhöhten und sonnigen Stellen und warte, bis er heraufkommt.

Zhang You berichtet von Pei Xingjian (619–682 n. Chr.), der auf eine Strafexpedition gegen die Turkmenen geschickt wurde, die folgende Anekdote. Bei Einbruch der Nacht schlug er wie üblich sein Lager auf, und es war bereits mit einem Wall und einem Graben völlig befestigt, als er plötzlich den Befehl gab, daß die Armee auf einem Hügel in der Nähe lagern sollte. Dies mißfiel seinen Offizieren sehr; sie protestierten laut gegen die zusätzlichen Mühen, die sie ihren Männern zumuten mußten. Pei Xingjian hörte jedoch nicht auf ihre Klagen und ließ das Lager so schnell wie möglich verlegen. In der gleichen Nacht erhob sich ein schrecklicher Sturm, der ihren alten Lagerplatz zwölf Fuß tief überflutete. Die zuvor störrischen Offiziere waren bei diesem Anblick erstaunt und räumten ein, daß sie sich geirrt hatten.

»Woher wußtest du, daß dies geschehen würde?« fragten sie.

Pei Xingjian erwiderte: »Von diesem Zeitpunkt an werdet ihr euch damit zufriedengeben, Befehlen zu gehorchen, ohne unnötige Fragen zu stellen.«

Vergiß nicht: Wenn der Feind steile Anhöhen vor dir besetzt hat, darfst du ihm nicht folgen, sondern mußt dich zurückziehen und ihn fortlocken.

In *Positionen, die weit vom Feind entfernt sind*, ist es, wenn die Armeen gleich stark sind, nicht leicht, eine Schlacht zu provozieren, und ein Kampf wäre für dich von Nachteil.

Manchmal gerät eine Armee in eine Notlage, die keine natürlichen Gründe hat, sondern auf Fehlern beruht, für die der General verantwortlich ist. Dies sind: Flucht; Insubor-

dination; Zusammenbruch; Ruin; Desorganisation; Niederlage.

Wenn zwei Streitkräfte aufeinanderprallen, von denen die
zweite zehnmal so groß ist wie die erste, so wird, vorausge-
setzt, die anderen Bedingungen sind gleich, das Ergebnis die
Flucht der ersten sein.

Wenn die gemeinen Soldaten zu stark und die Offiziere zu
schwach sind, dann ist das Ergebnis *Insubordination*.

Du Mu erwähnt das unglückliche Schicksal von Tian Bu,
der im Jahre 821 nach Wei geschickt wurde mit dem Befehl, eine Armee gegen Wang Ting-cou zu führen. Doch
die ganze Zeit über, da er das Kommando führte, behan-
delten seine Soldaten ihn mit äußerster Verachtung und
verspotteten öffentlich seine Autorität, indem sie auf
Eseln durchs Lager ritten, manchmal mehrere tausend
gleichzeitig. Tian Bu war machtlos und konnte dieses
Betragen nicht unterbinden, und als er nach einigen
Monaten den Versuch unternahm, den Feind zu stellen,
machten seine Truppen kehrt und verstreuten sich in alle
Richtungen. Danach beging der unglückliche Mann
Selbstmord, indem er sich die Kehle durchschnitt.

Wenn die Offiziere zu stark und die gemeinen Soldaten zu schwach sind, ist das Ergebnis der *Zusammenbruch*. Wenn die höheren Offiziere zornig und ungehorsam sind und bei der Berührung mit dem Feind nach eigenem Ermessen und aus einem Gefühl der Abneigung heraus zur Schlacht rufen, bevor der Oberbefehlshaber entscheiden kann, ob die Position für einen Kampf geeignet ist oder nicht, dann ist das Ergebnis *Ruin*.

Wenn der General schwach ist und ohne Autorität; wenn seine Befehle nicht klar und deutlich sind; wenn den Offizieren und Mannschaften keine festgelegten Pflichten übertragen sind und die Reihen unordentlich und willkürlich aufgestellt werden, ist das Ergebnis schlimmste *Desorganisation*.

Wenn ein General, der nicht fähig ist, die Stärke des Feindes einzuschätzen, zuläßt, daß eine unterlegene Streitmacht eine überlegene angreift, oder wenn er eine schwache Abteilung gegen eine starke in den Kampf wirft und es versäumt, ausgewählte Soldaten in die erste Reihe zu stellen, muß das Ergebnis die *Niederlage* sein.

Es gibt sechs Möglichkeiten, die Niederlage herauszufordern: das Versäumnis, die Stärke des Feindes einzuschätzen; das Fehlen von Autorität; unzureichende Ausbildung; ungerechtfertigter Zorn; Nichtbeachtung der Disziplin; das Versäumnis, ausgewählte Männer einzusetzen. All dies muß umsichtig von dem General beachtet werden, der einen verantwortungsvollen Posten innehat.

Die natürliche Geländeform ist der beste Verbündete des Soldaten; doch die Fähigkeit, den Feind einzuschätzen, die zum Sieg führenden Kräfte zu kontrollieren, die Schwierigkeiten, Gefahren und Entfernungen genau zu kalkulieren – dies ist die Prüfung für einen großen General. Wer diese Dinge kennt und im Kampf sein Wissen in die Praxis umsetzt, gewinnt seine Schlachten. Wer sie nicht kennt oder sein Wissen nicht in der Praxis beweist, wird gewiß geschlagen.

Wenn sicher ist, daß der Kampf mit einem Sieg endet, dann mußt du kämpfen, auch wenn der Herrscher es verbietet; wenn der Kampf nicht mit einem Sieg enden wird, dann darfst du nicht kämpfen, auch wenn der Herrscher es befiehlt.

Der General, der angreift, ohne nach Ruhm zu schielen, und sich zurückzieht, ohne Ungnade zu fürchten, dessen einziger Gedanke der Schutz des Landes und der Dienst für seinen Herrscher ist, dieser General ist das Juwel des Königreichs.

Betrachte deine Soldaten wie deine Kinder, und sie werden dir in die tiefsten Täler folgen; betrachte sie wie deine geliebten Söhne, und sie werden bis zum Tod an deiner Seite stehen.

Du Mu berichtet von dem berühmten General Wu Qi: Er trug die gleichen Kleider und aß das gleiche Essen wie der gemeinste seiner Soldaten; er wollte kein Pferd zum Reiten und keine Matte zum Schlafen haben, er trug seine Vorräte selbst in einem Bündel auf dem Rücken und teilte jede Bedrängnis mit seinen Männern. Einer seiner Soldaten litt an einem Abszeß, und Wu Qi selbst saugte das Gift aus. Als die Mutter des Soldaten dies hörte, begann sie zu klagen und zu lamentieren. Jemand fragte sie: »Warum weinst du? Dein Sohn ist nur ein gemeiner Soldat, und doch hat der Oberbefehlshaber selbst ihm das Gift aus der Wunde gesaugt.«

Die Frau erwiderte: »Vor vielen Jahren tat Herr Wu meinem Mann einen ähnlichen Dienst, und mein Mann wollte ihn daraufhin nie wieder verlassen und fand schließlich in den Händen des Feindes den Tod. Und nun hat er dasselbe für meinen Sohn getan, und auch er wird, ich weiß nicht wo, im Kampf fallen.«

Wenn du aber nachgiebig bist, jedoch unfähig, deine Autorität durchzusetzen; freundlich im Herzen, jedoch unfähig, deinen Befehlen Gehör zu verschaffen; und wenn du außerdem unfähig bist, aufkommende Unruhe zu unterdrücken, dann werden deine Soldaten verdorbenen Kindern ähneln. Sie sind nutzlos für jeden praktischen Zweck.

Du Mu schreibt: Im Jahre 219 n. Chr., als Lu Meng die Stadt Jiangling besetzte, hatte er seiner Armee den strikten Befehl gegeben, weder die Einwohner zu belästigen noch ihnen etwas mit Gewalt zu nehmen. Dennoch wagte ein gewisser Offizier, der unter seinem Banner diente und zufällig aus Lu Mengs Heimatstadt kam, sich einen Bambushut anzueignen, der einem Einwohner gehörte, um ihn über dem vorgeschriebenen Helm als Schutz gegen den Regen zu tragen.

Lu Meng betrachtete die Tatsache, daß der Offizier ebenfalls aus Runan stammte, keineswegs als Entschuldigung für diesen eindeutigen Verstoß gegen die Disziplin, sondern befahl umgehend seine Exekution, wobei ihm jedoch Tränen die Wangen herunterliefen. Dieses strenge Vorgehen flößte der ganzen Armee eine gesunde Furcht ein, und von diesem Augenblick an wurden nicht einmal mehr Dinge aufgelesen, die auf der Straße fortgeworfen worden waren.

Wenn wir wissen, daß unsere Männer zum Kampf bereit sind, doch übersehen, daß der Feind nicht angegriffen werden kann, dann haben wir nur den halben Weg zum Sieg zurückgelegt. Wenn wir wissen, daß der Feind angegriffen werden kann, doch übersehen, daß unsere Männer nicht kämpfen können, dann haben wir nur den halben Weg zum Sieg zurückgelegt. Wenn wir wissen, daß der Feind angegriffen werden kann, und wenn wir ebenfalls wissen, daß unsere Männer zum Kampf bereit sind, doch übersehen, daß die Natur des Terrains den Kampf unmöglich macht, haben wir immer noch nur den halben Weg zum Sieg zurückgelegt. Wenn der erfahrene Soldat einmal in Bewegung ist, läßt er sich nicht verblüffen; wenn er das Lager abgebrochen hat, verläuft er sich nicht. Deshalb der Spruch: Wenn du den Feind und dich selbst kennst, besteht kein Zweifel an deinem Sieg; wenn du Himmel und Erde kennst, dann wird dein Sieg vollständig sein.

XI

Die neun Situationen

Die Kunst des Krieges kennt neun Arten des Geländes: auseinandersprengendes Gelände; leichtes Gelände; umstrittenes Gelände; offenes Gelände; Gelände mit kreuzenden Straßen; gefährliches Gelände; schwieriges Gelände; eingeengtes Gelände; hoffnungsloses Gelände.

Wenn ein Befehlshaber auf seinem eigenen Gelände kämpft, dann ist es *auseinandersprengendes Gelände*; es wird so genannt, weil die Soldaten, die ihren Heimen nahe sind und ihre Frauen und Kinder sehen wollen, gern die Gelegenheit ergreifen, die eine Schlacht bietet, um sich in alle Richtungen zu verstreuen.

Wenn er in feindliches Gebiet vorgedrungen ist, doch noch nicht sehr weit, dann ist es *leichtes Gelände*.

Gelände, das für beide Seiten sehr vorteilhaft ist, wird *umstrittenes Gelände* genannt.

Als Lu Guang im Jahre 385 n. Chr. von der erfolgreichen Expedition nach Turkestan mit Beute beladen zurückkehrte und bis nach Yihe gekommen war, wollte Liang Xi, der Verwalter von Liangzhou, den Tod des Königs Fu Jian von Qin zu seinem Vorteil nutzen und Lu Guang den Weg in die Provinz versperren.

Yang Han, der Gouverneur von Gaochang, gab Liang Xi folgenden Rat: »Lu Guang kommt gerade siegreich aus dem Westen zurück, und seine Soldaten sind entschlossen und kampfeswillig. Wenn wir uns ihm im Treibsand der Wüste entgegenstellen, sind wir kein Gegner für ihn; deshalb müssen wir es mit einem anderen Plan versuchen. Laß uns eilen und die enge Stelle am Ende des Gaowu-Passes besetzen, um ihn von der Versorgung mit Wasser abzuschneiden. Dort sind seine Truppen von Durst gequält, und wir können unsere Bedingungen stellen, ohne anzugreifen. Oder wenn du meinst, daß der Paß, den ich erwähnte, zu weit entfernt ist, dann können wir ihn am Yiwu-Paß stellen, der näher ist. Selbst die Klugheit und Entschlossenheit Zifangs wäre nutzlos angesichts der gewaltigen Stärke dieser beiden Positionen.«

Liang Xi weigerte sich, diesen Rat anzunehmen, wurde überwunden und vom Eindringling vertrieben.

Gelände, auf dem beide Seiten sich frei bewegen können, heißt *offenes Gelände*.

Gelände, das den Schlüssel zu drei aneinandergrenzenden Staaten bildet, so daß der erste, der es besetzt, den größten Teil des Königreichs in seiner Gewalt hat, heißt *Gelände mit kreuzenden Straßen.*

Wenn eine Armee ins Herz des feindlichen Landes vorgedrungen ist und eine Anzahl befestigter Städte im Rücken hat, dann ist dies *gefährliches Gelände.*

Bergwälder, zerklüftete Steilhänge, Marsche und Moore – jedes Gelände, das schwer zu durchqueren ist: Dies ist *schwieriges Gelände.*

Gelände, das durch enge Schluchten zu erreichen ist und aus dem wir uns nur auf mühseligen Pfaden zurückziehen können, so daß eine kleine Anzahl von Feinden ausreicht, um eine große Abteilung unserer Männer zu töten: Dies ist *eingeengtes Gelände.*

Gelände, auf dem wir dem Untergang nur entgehen, wenn wir ohne Zögern kämpfen: Dies ist *hoffnungsloses Gelände.*

Auf auseinandersprengendem Gelände darfst du deshalb nicht kämpfen. Auf leichtem Gelände nicht halten. Auf umstrittenem Gelände nicht angreifen.

Versuche auf offenem Gelände nicht, dem Feind den Weg zu versperren. Schließe dich im Gelände mit kreuzenden Straßen mit deinen Verbündeten zusammen.

Bereichere dich in gefährlichem Gelände durch Plünderungen. Marschiere in schwierigem Gelände stetig weiter.

Benutze in eingeengtem Gelände Kriegslisten.

Kämpfe in hoffnungslosem Gelände.

Jene, die früher kluge Führer genannt wurden, wußten, wie sie zwischen die Vorhut und die Nachhut des Feindes einen Keil treiben konnten; wie sie die Zusammenarbeit zwischen seinen großen und kleinen Abteilungen vereiteln konnten; wie sie die guten Truppen davon abhalten konnten, die schlechten zu retten, die Offiziere, die Männer zusammenzurufen. Wenn die Männer des Feindes verstreut waren, hinderten sie sie daran, sich zu konzentrieren; selbst wenn die Kräfte des Feindes geeint waren, gelang es ihnen, sie nicht zur Ruhe kommen zu lassen. Wenn es ihnen einen Vorteil erbrachte, stürmten sie vor; wenn nicht, hielten sie inne.

Wenn du gefragt wirst, wie du mit einem großen Verband des Feindes umgehen willst, der in ordentlichen Reihen heranmarschiert und sich zum Kampf stellen will, dann antworte: »Beginnt, indem ihr etwas nehmt, das eurem Gegner teuer ist. Dann wird er sich eurem Willen unterwerfen.«

Schnelligkeit ist eine wichtige Eigenschaft im Krieg. Nutze

sie zu deinem Vorteil, wenn der Feind nicht bereit ist, gehe über unerwartete Straßen und greife unbewachte Orte an.

Im Jahre 227 n. Chr. dachte Meng Da, der Gouverneur von Xincheng, der unter dem Wei-Kaiser Wendi diente, darüber nach, zum Haus von Shu überzulaufen, und er hatte bereits einen Briefwechsel mit Zhuge Liang, dem Premierminister jenes Staates, aufgenommen. Der Wei-General Sima Yi war zu jener Zeit der Militärgouverneur von Wan; er bekam Wind von Meng Das geplantem Verrat und schickte sofort eine Armee aus, um seiner Revolte zuvorzukommen, nachdem er ihm mit einer scheinbar freundlichen Nachricht geschmeichelt hatte. Simas Offiziere kamen zu ihm und sagten: »Wenn Meng Da sich mit Wu und Shu verbündet hat, dann muß die Angelegenheit sorgfältig geprüft werden, ehe wir etwas unternehmen.« Sima Yi erwiderte: »Meng Da ist ein prinzipienloser Mann, und wir müssen sofort losschlagen und ihn bestrafen, solange er noch schwankt und bevor er die Maske abgestreift hat.«

Dann brachte er binnen acht Tagen seine Armee mit einer Reihe von Gewaltmärschen bis vor die Mauern von Xincheng. Meng Da hatte zuvor in einem Brief an Zhuge

Liang geschrieben: »Wan ist 1200 *li* von hier entfernt. Wenn die Nachricht von meiner Revolte Sima Yi erreicht, wird er sofort seinen kaiserlichen Herrn unterrichten, doch es wird einen ganzen Monat dauern, ehe etwas unternommen werden kann, und bis dahin wird meine Stadt gut befestigt sein. Außerdem wird Sima Yi gewiß nicht selbst kommen, und die Generäle, die er gegen uns schicken wird, sind es nicht wert, einen Gedanken an sie zu verschwenden.«

Der nächste Brief jedoch verriet sein Entsetzen: »Obwohl erst acht Tage vergangen sind, seit ich mich vom Bündnis lossagte, steht bereits eine Armee vor den Stadttoren. Welch rätselhafte Geschwindigkeit ist dies!« Vierzehn Tage später war Xincheng gefallen, und Meng Da hatte seinen Kopf verloren.

Im Jahre 621 n. Chr. wurde Li Jing von Kuizhou in Sichuan ausgeschickt, um den siegreichen Rebellen Xiao Xian niederzuwerfen, der sich in Hubei in Jingzhou-fu zum Kaiser erklärt hatte. Es war Herbst, und da der Yangtse Hochwasser führte, glaubte Xiao Xian nicht im Traum daran, daß sein Gegner es wagen würde, durch die Schluchten herunterzukommen, und bereitete sich also auch nicht darauf vor. Doch Li Jing schiffte seine Armee ohne Zeitverlust ein und wollte gerade ablegen, als die anderen Generäle ihn drängten, die Abfahrt zu verschieben, bis der Fluß es wieder erlaubte, sicher auf ihm zu fahren. Li Jing erwiderte: »Für den Soldaten ist überwältigende Geschwindigkeit von größter Bedeutung, und er darf nie eine Gelegenheit verstreichen lassen. Jetzt ist der Augenblick zuzuschlagen, bevor Xiao Xian überhaupt weiß, daß wir eine Armee ausgehoben haben. Wenn wir diese Gelegenheit ergreifen, solange der Fluß noch Hochwasser führt, werden wir mit verblüffender Schnelligkeit vor seiner Hauptstadt auftauchen – wie der Donner, der zu hören ist, bevor du Zeit hast, dir die Ohren zuzuhalten. Dies ist das große Prinzip des Krieges. Selbst wenn er von unserer Annäherung erfährt, muß er seine Soldaten so hastig ausheben, daß sie nicht fähig sein werden, sich uns entgegenzustellen. So werden alle Früchte des Sieges die unseren sein.«

Alles kam, wie er es vorausgesagt hatte, und Xiao Xian mußte aufgeben, wobei er aber die edle Bedingung stellte, sein Volk zu verschonen und ihn allein mit dem Tode zu bestrafen.

Nun folgen die Prinzipien, die von einer eindringenden Armee beachtet werden müssen. Je weiter du in ein Land vorstößt, desto größer ist die Solidarität deiner Truppen, und deshalb werden die Verteidiger dich nicht bezwingen können. Plündere fruchtbares Land, um deine Armee mit Nahrung zu versorgen.

Achte sorgfältig auf das Wohlbefinden deiner Männer, und überschätze sie nicht. Konzentriere deine Energie, und gehe sparsam mit deinen Kräften um. Halte deine Armee immer in Bewegung, und entwerfe undurchschaubare Pläne.

Chen erinnert an die Verhaltensweise des berühmten Generals Wang Jian im Jahre 224 v. Chr. Das militärische Genie dieses Generals trug viel zum Erfolg des ersten Chen-Kaisers bei. Er war in den Staat Chu eingedrungen, wo es eine allgemeine Aushebung gab, um ihm Widerstand zu leisten. Doch da er über die Stimmung seiner Truppen im ungewissen war, lehnte er alle Aufforderungen zum Kampf ab und blieb rein defensiv. Der Chu-General versuchte vergeblich, ihn zum Kampf zu zwingen; Tag um Tag hielt Wang Jian sich hinter seinen Wällen und wollte nicht herauskommen. Er verwendete seine ganze Zeit und Energie darauf, die Zuneigung und das

Vertrauen seiner Männer zu gewinnen. Er achtete darauf, daß sie gut genährt wurden, speiste mit ihnen, sorgte für Möglichkeiten zum Baden und wendete mit kluger Umsicht jede nur denkbare Methode an, um sie zu einer treuen, homogenen Einheit zusammenzuschweißen.

Nachdem einige Zeit vergangen war, trug er gewissen Personen auf, herauszufinden, wie sich die Männer amüsierten. Die Antwort war, daß sie mit Zielschießen und Weitsprung gegeneinander kämpften. Als Wang Jian hörte, daß sie mit diesen athletischen Übungen beschäftigt waren, wußte er, daß ihre Geister die gewünschte Schärfe hatten und daß sie für den Kampf bereit waren. Die Chu-Armee war, nachdem sie immer wieder ihre Herausforderung vorgetragen hatte, inzwischen empört nach Osten abmarschiert. Wang Jian brach sofort das Lager ab und verfolgte sie, und in der darauffolgenden Schlacht wurde sie vernichtend geschlagen.

Kurz darauf hatte Wang Jian ganz Chu erobert.

Bringe deine Soldaten in Positionen, aus denen es keinen Fluchtweg gibt, und sie werden den Tod der Flucht vorziehen. Wenn sie den Tod vor sich sehen, gibt es nichts, was sie nicht erreichen können. Offiziere und Männer werden gleichermaßen ihre äußerste Kraft aufwenden. Soldaten in verzweifelter Lage verlieren jedes Gefühl von Furcht. Wenn es keinen Fluchtweg gibt, bleiben sie standhaft. Wenn sie im Herzen eines feindlichen Landes sind, bilden sie eine unwiderstehliche Front. Wenn sie keine Hilfe erwarten, werden sie hart kämpfen. So bleiben die Soldaten, ohne Befehle zu erwarten, ständig wachsam, und sie tun, was du willst, ohne angeleitet zu werden; sie werden ohne Vorbehalte treu sein; du kannst ihnen trauen, ohne Befehle geben zu müssen.

Verbiete die Befragung des Orakels, und bekämpfe abergläubische Zweifel. Dann mußt du, bis der Tod selbst kommt, keinerlei Unheil fürchten.

Wenn Soldaten nicht mit Geld überhäuft werden, dann liegt dies nicht daran, daß sie keinen Geschmack an Reichtümern hätten; wenn ihr Leben nicht ungewöhnlich lang ist, dann liegt dies nicht daran, daß sie nicht zur Langlebigkeit neigten.

Am Tag, an dem sie in die Schlacht geschickt werden, weinen deine Soldaten vielleicht; einige sitzen aufrecht und benetzen ihre Kleider, einige liegen auf dem Boden und lassen Tränen die Wangen herunterlaufen. Doch sie tun dies nicht, weil sie Angst haben, sondern weil sie fest entschlossen sind, zu siegen oder zu sterben. Und wenn sie im Kampf stehen, werden sie den Mut eines Zhuan Zhu oder eines Cao Gui zeigen.

Zhuan Zhu, der aus dem Staat Wu stammte und ein Zeitgenosse Sunzis war, wurde von Kongzi Guang, eher bekannt als Helu-wang, gedungen, um den Herrscher Wang Liao mit einem Dolch, den er im Bauch eines bei einem Festmahl servierten Fisches versteckte, zu ermorden. Der Mordversuch gelang, doch Zhuan Zhu wurde sofort von der Leibwache des Königs in Stücke gehackt. Dies geschah im Jahre 515 v. Chr.
Der zweite erwähnte Held, Cao Gui, kam im Jahre 681 v. Chr. zu Berühmtheit. Lu war dreimal von Qi besiegt worden und war bereit, einen Vertrag zu unterzeichnen, mit dem ein großes Gebiet abgetreten werden sollte, als Cao Gui plötzlich Huan-gong, den Herzog von Qi, der auf den Altarstufen stand, packte und ihm einen Dolch an die Brust hielt. Keiner der Wächter des Herzogs wagte, einen Finger zu rühren, als Cao Gui die Rückgabe des Landes verlangte und erklärte, daß Lu ungerecht behandelt worden sei, weil es das kleinere und schwächere Land sei.
Huan-gong, der um sein Leben fürchtete, mußte zustim-

men, worauf Cao Gui seinen Dolch fortschleuderte und still und ungerührt seinen Platz in der erschreckten Versammlung wieder einnahm. Wie nicht anders zu erwarten, wollte der Herzog danach den Handel verwerfen, doch sein weiser alter Berater Guan Zhong erklärte ihm, wie gefährlich es sei, sein Wort zu brechen, und das Ergebnis war, daß Lu durch diesen kühnen Streich alles zurückbekam, was er in drei Schlachten verloren hatte.

Der geschickte Taktiker kann mit der *shuairan* verglichen werden. Die *shuairan* ist eine Schlange, die in den Chang-Bergen gefunden wird. Schlage ihr auf den Kopf, und der Schwanz wird dich angreifen; schlage ihr auf den Schwanz, und der Kopf wird dich angreifen; schlage sie in der Mitte, und Kopf und Schwanz werden dich angreifen.

Wenn du gefragt wirst, ob eine Armee die *shuairan* imitieren kann, dann antworte mit Ja. Denn die Männer von Wu und die Männer von Yue sind Feinde; doch wenn sie im gleichen Boot einen Fluß überqueren und von einem Sturm überrascht werden, helfen sie einander, wie die linke Hand der rechten hilft.

Es reicht nicht, Pferde anzubinden und Wagenräder im Boden einzugraben. Es reicht nicht, die Flucht durch solche mechanischen Mittel unmöglich zu machen. Du hast keinen Erfolg, wenn deine Männer nicht standhaft und im Willen geeint sind; vor allem müssen sie von einem Gemeinschaftsgefühl beseelt sein. Dies ist die Lektion, die von der *shuairan* gelernt werden kann.

Das Prinzip, nach dem eine Armee geführt werden muß, besteht darin, ein Mindestmaß an Mut festzusetzen, das alle beweisen müssen.

Das Beste aus starken und schwachen Punkten zu machen ist eine Sache, die mit der richtigen Nutzung des Geländes zu tun hat.

Der kluge General führt seine Armee genauso, als führte er einen einzelnen Mann an der Hand.

Es ist die Aufgabe des Generals, zu schweigen und damit für Geheimhaltung zu sorgen; standhaft und gerecht, um damit die Ordnung aufrechtzuerhalten. Er muß fähig sein, seine Offiziere und Männer mit falschen Berichten und Täuschungen zu verwirren, um sie völlig unwissend zu halten.

Im Jahre 88 n. Chr. zog Ban Chao mit fünfundzwanzigtausend Männern aus Khotan und anderen zentralasiatischen Staaten ins Feld, mit dem Ziel, Yarkand niederzuwerfen. Der König von Kutscha reagierte, indem er seinen Oberbefehlshaber aussandte, der mit einer fünf-zigtausend Mann starken Armee aus den Königreichen Wensu, Gumo und Weitou der Stadt zu Hilfe kommen sollte.

Ban Chao rief seine Offiziere und den König von Khotan zu einem Kriegsrat zusammen und sagte: »Der Feind ist jetzt in der Überzahl, und wir können nicht offen gegen ihn ziehen. Deshalb ist es der beste Plan, wenn wir uns tei-len und verstreuen, jeder in eine andere Richtung. Der König von Khotan wird nach Osten davonmarschieren, und ich will nach Westen zurückkehren. Laßt uns warten, bis die Abendtrommel schlägt, und dann beginnen.«

Ban Chao gab darauf heimlich die Kriegsgefangenen frei, und so wurde der König von Kutscha über seine Pläne in-formiert. Höchst erfreut über die Neuigkeit machte er sich an der Spitze von zehntausend Berittenen auf, um Ban Chao den Rückzug in den Westen abzuschneiden, während der König von Wensu mit neuntausend Beritte-nen nach Osten zog, um den König von Khotan aufzuhal-ten.

Als Ban Chao wußte, daß die beiden Anführer fort waren, rief er seine Divisionen zusammen, übernahm den Ober-befehl und warf seine Armee im Morgengrauen gegen das

Heer von Yarkand, das gelagert hatte. Die entsetzten Barbaren flohen verwirrt und wurden von Ban Chao verfolgt. Mehr als fünftausend Köpfe wurden als Trophäen zurückgebracht, und dazu ungeheure Beute in Form von Pferden und Vieh und allen denkbaren Wertgegenständen. Darauf kapitulierte Yarkand, und Kutscha und die anderen Königreiche zogen ihre Streitkräfte zurück. Von dieser Zeit an waren die Länder im Westen von Ban Chaos Ansehen tief beeindruckt.

Indem er seine Vorkehrungen ändert und seine Pläne anpaßt, hält der kluge General den Feind unwissend. Indem er sein Lager verlegt und Umwege nimmt, verhindert er, daß der Feind seine Absicht erkennt. Im kritischen Augenblick handelt der Anführer einer Armee wie ein Mann, der hochgestiegen ist und dann die Leiter unter sich wegstößt. Er führt seine Männer tief ins Feindesland, bevor er seine Absicht zeigt. Er verbrennt seine Boote und zerbricht sein Kochgeschirr; wie ein Schäfer, der seine Schafherde treibt, treibt er seine Männer hierhin und dahin, und niemand weiß, wohin es geht.
Sein Heer zu versammeln und es in Gefahr zu bringen – dies kann man die Angelegenheit des Generals nennen.

Die verschiedenen Maßnahmen, die den neun Gelände-
arten entsprechen; die Anwendung aggressiver oder defen-
siver Taktiken; und die grundlegenden Gesetze der mensch-
lichen Natur: Dies sind die Dinge, die gewissenhaft studiert
werden müssen.

Beim Eindringen in Feindesland ist das allgemeine Prinzip,
daß tiefes Eindringen Zusammenhalt erzeugt; nur ein kurzes Stück einzudringen bringt Auflösung.

Wenn du dein Heimatland verläßt und deine Armee durchs
Nachbargebiet führst, befindest du dich auf *kritischem Gelände*. Wenn es Verbindungswege in alle vier Richtungen
gibt, bist du in einem *Gelände mit kreuzenden Straßen*. Wenn
du tief in ein Land eindringst, ist es *gefährliches Gelände*.
Wenn du nur ein kurzes Stück eindringst, ist es *leichtes Gelände*. Wenn du die Befestigungen des Feindes im Rücken
hast und schmale Pässe vor dir, ist es *eingeengtes Gelände*.
Wenn es keinen Fluchtweg mehr gibt, ist es *hoffnungsloses
Gelände*.

Inspiriere deine Männer in auseinandersprengendem Gelände mit dem Gedanken der Einheit. In leichtem Gelände
achte darauf, daß alle Teile der Armee untereinander in Verbindung stehen. Ziehe in umstrittenem Gelände deine
Nachhut nahe heran. Achte in offenem Gelände wachsam

auf deine Verteidigung, denn du mußt mit einem Überraschungsangriff rechnen. In Gelände mit kreuzenden Straßen versichere dich der Treue deiner Verbündeten.

In gefährlichem Gelände sorge dafür, daß der Strom des Nachschubs nicht abreißt. Bewege dich in schwierigem Gelände ständig weiter.

Blockiere in eingeengtem Gelände jede Rückzugsmöglichkeit, um den Anschein zu erwecken, daß du deine Position verteidigen willst, während es deine wirkliche Absicht ist, plötzlich durch die feindlichen Reihen zu brechen.

Im Jahre 532 n. Chr. wurde Gao Huan, der später als Kaiser Shenwu bekannt wurde, von einer großen Armee unter der Führung von Erzhu Zhao und anderen umzingelt. Seine eigene Streitmacht war vergleichsweise klein, sie bestand nur aus zweitausend Berittenen und weniger als dreißigtausend Infanteristen. Die Belagerungsreihen waren nicht sehr eng gezogen, an gewissen Punkten waren Lücken offen geblieben. Doch statt die Flucht zu versuchen, eilte Gao Huan sich, alle verbleibenden Fluchtwege selbst zu verschließen, indem er eine Anzahl zusammengebundener Ochsen und Esel hineintrieb. Sobald seine Offiziere und Männer sahen, daß ihnen nichts übrig blieb, als zu siegen oder zu sterben, wurden sie von höchster Erregung erfaßt und griffen mit so verzweifelter Wildheit an, daß die gegnerischen Reihen unter ihrem Ansturm brachen und sich auflösten.

In hoffnungslosem Gelände erkläre deinen Soldaten, daß sie keine Aussicht haben, ihr Leben zu retten. Die einzige Chance zu leben liegt darin, die Hoffnung auf das Leben aufzugeben.

Denn es ist die Art des Soldaten, störrisch Widerstand zu leisten, wenn er umzingelt wird, hart zu kämpfen, wenn er sich nicht zu helfen weiß, und prompt zu gehorchen, wenn er in Gefahr geraten ist.

Im Jahre 73 n. Chr., als Ban Chao in Shanshan eintraf, empfing Guang, der König des Landes, ihn zunächst mit großer Höflichkeit und Achtung. Doch kurz darauf machte sein Verhalten eine plötzliche Veränderung durch, und er wurde abweisend und unhöflich.

Ban Chao sprach in seinen Gemächern mit den Offizieren: »Habt ihr nicht bemerkt«, sagte er, »daß Guangs höfliche Absichten im Schwinden sind? Dies muß bedeuten, daß von den nördlichen Barbaren Gesandte gekommen sind, und daß er deshalb unentschlossen ist und nicht weiß, auf welche Seite er sich stellen soll. Dies ist gewiß der Grund. Wir wissen, daß der wirklich weise Mann Dinge wahrnehmen kann, bevor sie geschehen; wieviel deutlicher dann jene, die bereits geschehen sind!« Darauf rief er einen der Eingeborenen, die in seinen Diensten standen, zu sich und stellte ihm eine Falle, indem er sagte: »Wo sind die Gesandten von den Xiongnu, die vor einigen Tagen eingetroffen sind?« Der Mann war so zwischen Überraschung und Furcht zerrissen, daß er sogleich die ganze Wahrheit berichtete. Ban Chao setzte seinen Informanten hinter Schloß und Riegel und berief eine allgemeine Versammlung seiner Offiziere, sechsunddreißig an der Zahl, ein und begann mit ihnen zu trinken. Als ihnen der Wein ein wenig zu Kopfe gestiegen war, versuchte er, ihren Kampfesmut noch weiter zu heben, indem er sich mit diesen Worten an sie wandte: »Meine Herren, hier sind wir im Herzen eines entlegenen Gebietes und brennen darauf, durch einen großen Feldzug Reichtümer und Ehre zu erwerben. Nun kam aber erst vor wenigen Tagen ein Botschafter von den Xiongnu in dieses Königreich, und das Ergebnis ist, daß die respektvolle Höflichkeit, die unser königlicher Gastgeber uns zunächst entgegenbrachte, verschwunden ist. Sollte ihn dieser Gesandte bewegen können, uns zu ergreifen und den Xiongnu zu übergeben, so werden unsere Knochen den Wölfen der Wüste als Nahrung dienen. Was sollen wir tun?«

Wie aus einem Munde erwiderten die Offiziere: »*Da wir nun in der Gefahr sind, unser Leben zu verlieren, werden wir unserem Kommandanten durch Leben und Tod folgen.*«

Wir können mit benachbarten Fürsten kein Bündnis eingehen, wenn wir nicht ihre Absichten kennen. Wir sind nicht fähig, eine Armee auf den Marsch zu führen, solange wir nicht mit der Gestalt des Landes vertraut sind – mit seinen Bergen und Wäldern, seinen Senken und Steilklippen, seinen Marschen und Sümpfen. Wir sind unfähig, natürliche Vorteile für uns zu nutzen, solange wir keine eingeborenen Führer einsetzen.

Für einen kriegerischen Fürsten geziemt es sich nicht, eins der folgenden vier oder fünf Prinzipien zu mißachten.

Wenn ein kriegerischer Fürst einen mächtigen Staat angreift, dann zeigt sich seine Erfahrung darin, daß er die Konzentration der feindlichen Streitkräfte verhindert. Er versetzt seine Gegner in Angst und Schrecken, und ihre Verbündeten werden daran gehindert, sich mit ihnen zusammenzuschließen. Wenn du einen mächtigen Staat angreifst, wirst du an Kräften überlegen sein, wenn du seine Streitkräfte aufteilen kannst; wenn du an Kräften überlegen bist, wirst du den Feind in Angst versetzen; wenn du den Feind in Angst versetzt, werden die Nachbarstaaten dich fürchten; wenn die Nachbarstaaten dich fürchten, werden die Verbündeten des Feindes gehindert, sich mit ihm zusammenzuschließen.

Also versucht der weise Anführer nicht, sich mit allem und jedem zu verbünden, und er fordert nicht offen die Macht anderer Staaten heraus. Er führt seine eigenen geheimen Pläne aus und achtet darauf, daß seine Gegner ihn fürchten. So ist er fähig, die feindlichen Städte einzunehmen und die feindlichen Königreiche zu unterwerfen.

Verteile Belohnungen, ohne Regeln zu befolgen, gebe Befehle, ohne vorherige Planungen zu berücksichtigen, und du wirst fähig sein, eine ganze Armee zu handhaben, als hättest du es nur mit einem einzigen Mann zu tun. Um Verrat zu verhindern, solltest du deine Pläne nicht vorher ausbreiten. In deinen Regeln und Plänen sollte es keine Starrheit geben. Konfrontiere deine Soldaten mit der Tat selbst, laß sie nie von deinem Vorhaben erfahren. Wenn die Aussichten gut sind, führe es ihnen vor Augen, doch sage ihnen nichts, wenn Unheil droht. Schicke deine Armee in tödliche Gefahr, und sie wird überleben; schicke sie in eine verzweifelte Situation, und sie wird sie überwinden.

Im Jahre 204 v. Chr. wurde Han Xin gegen die Armee von Zhao ausgesandt und blieb etwa fünfzehn Kilometer vor der Mündung des Jinxing-Passes stehen, wo der Feind seine ganzen Truppen aufgeboten hatte. Dort sandte er zu Mitternacht eine Abteilung von zweitausend leichten Kavalleristen aus; jeder Mann war mit einer roten Flagge ausgerüstet. Sie hatten Befehl, durch schmale Schluchten vorzudringen und den Feind genau zu beobachten.

»Wenn die Männer von Zhao mich in wilder Flucht sehen«, sagte Han Xin, »dann werden sie ihre Befestigungen verlassen und mich verfolgen. Dies ist für euch das Zeichen vorzustürmen, die Standarten von Zhao herunterzureißen und die roten Banner von Han an ihrer Stelle aufzuziehen.« Dann wandte er sich an seine anderen Offiziere und bemerkte: »Unser Gegner hält eine starke Position, und er wird wahrscheinlich nicht herauskommen und uns angreifen, solange er nicht die Standarte und die

Trommeln des Oberbefehlshabers sieht und hört, denn dann fürchtet er, daß ich kehrtmache und durch die Berge entkomme.«

Mit diesen Worten schickte er zuerst eine Division, die aus zehntausend Männern bestand, aus und befahl ihnen, mit dem Rücken zum Fluß Di eine Schlachtreihe aufzubauen.

Als sie dieses Manöver sahen, brachen alle Männer von Zhao in lautes Gelächter aus. Es war helles Tageslicht, und Han Xin marschierte mit schlagenden Trommeln und der Flagge des Oberbefehlshabers aus dem Paß heraus und wurde sofort vom Feind angegriffen.

Es folgte eine große Schlacht, die eine Weile andauerte, bis Han Xin und sein Gefährte Zhang Ni schließlich Trommeln und Banner auf dem Feld zurückließen und zur Division am Flußufer flohen, wo eine andere wilde Schlacht tobte. Der Feind stürmte heraus, um sie zu verfolgen und Trophäen zu gewinnen, und entzog so seinen Befestigungen die Männer. Doch den beiden Generälen gelang es, sich der anderen Armee anzuschließen, die mit äußerster Verzweiflung kämpfte.

Nun war der Augenblick für die zweitausend Berittenen gekommen, ihre Rolle zu spielen. Als sie sahen, daß die

Männer von Zhao die Flüchtigen verfolgten, galoppierten sie hinter die verlassenen Mauern, rissen die Flaggen des Feindes herunter und ersetzten sie durch die von Han.

Als die Armee von Zhao von der Verfolgung zurückkehrte, erschreckte sie der Anblick dieser roten Flaggen bis ins Mark. Überzeugt, daß die Han eingedrungen waren und ihren König überwunden hatten, brach unter ihnen wildes Chaos aus, und jeder Versuch ihrer Anführer, die Panik zu verhindern, war vergeblich.

Dann fiel die Han-Armee von beiden Seiten über sie her und vollendete das Gemetzel, wobei eine große Zahl Männer getötet und der Rest gefangengesetzt wurde, unter ihnen König Ya selbst.

Nach der Schlacht kamen einige von Han Xins Offizieren zu ihm und sagten: »In der *Kunst des Krieges* lernen wir, daß wir rechts hinter uns einen Hügel oder eine Anhöhe haben sollen, und links vor uns einen Fluß oder eine Marsch. Du dagegen befahlst uns, unsere Truppen mit dem Fluß im Rücken aufzustellen. Wie ist es dir unter diesen Umständen gelungen, den Sieg zu erringen?« Der General erwiderte: »Ich fürchte, ihr Herren habt die *Kunst des Krieges* nicht mit der gebotenen Aufmerksamkeit studiert. Steht dort nicht geschrieben: *Schicke deine Armee in tödliche Gefahr, und sie wird überleben; schicke sie in eine verzweifelte Situation, und sie wird sie überwinden?* Wäre ich wie üblich vorgegangen, so wäre ich nie fähig gewesen, meine Feinde herauszulocken. Wenn ich meine Truppen nicht in eine Position gebracht hätte, in der die Männer um ihr Leben kämpfen mußten, sondern wenn jeder nach Gutdünken gekämpft hätte, dann hätte es eine allgemeine Meuterei gegeben, und es wäre unmöglich gewesen, mit den Männern etwas anzufangen.«

Die Offiziere erkannten die Kraft seiner Argumente und sagten: »Zu dieser hohen Taktik wären wir nicht fähig gewesen.«

Denn genau in dem Augenblick, da eine Streitmacht dem Untergang geweiht ist, ist sie fähig, mit einem Schlage den Sieg zu erringen.

Wir können in der Kriegführung erfolgreich sein, wenn wir uns vorsichtig an die Absichten des Feindes anpassen. Wenn der Feind die Neigung zeigt vorzustürmen, dann verlocke ihn dazu, es zu tun; wenn er sich hastig zurückziehen will, dann zögere absichtlich, damit er sein Vorhaben ausführen kann.

Indem wir uns beständig an der Flanke des Feindes halten, sollte es uns auf lange Sicht möglich sein, den Oberbefehlshaber zu töten – eine wichtige Tat im Krieg.

Am Tage, an dem du das Kommando übernimmst, mußt du die Grenzpässe blockieren, die offiziellen Grenzwachen zerstören und die Durchreise aller Gesandten in das Feindesland oder aus ihm heraus unterbinden.

Sei in der Ratskammer unerbittlich, damit du die Situation beherrschen kannst.

Wenn der Feind eine Tür offen läßt, mußt du hineinstürmen.

Komme deinem Gegner zuvor, indem du ergreifst, was ihm teuer ist, und versuche, den Zeitpunkt seiner Ankunft auf dem Gelände genau abzuschätzen.

Benutze den Weg, den die Regel bestimmt, und mache dich mit dem Feind vertraut, bis du eine entscheidende Schlacht schlagen kannst.

Dann zeige zuerst die Schüchternheit eines Mädchens, bis dein Feind den ersten Zug macht; danach entwickle die Geschwindigkeit eines rennenden Hasen, und für den Feind wird es zu spät sein, sich dir zu widersetzen.

XII
Angriff durch Feuer

Es gibt fünf Möglichkeiten, mit Feuer anzugreifen. Die erste besteht darin, die Soldaten in ihrem Lager zu verbrennen; die zweite, Vorräte zu verbrennen; die dritte ist es, Gepäckzüge zu verbrennen; die vierte, Arsenale und Magazine zu verbrennen; die fünfte, Feuer zwischen die Reihen des Feindes zu schleudern.

Als Ban Chao noch in Shanshan war, fest entschlossen, die große Gefahr zu beseitigen, die durch die Ankunft des Gesandten der nördlichen Barbaren, Xiongnu, entstanden war, wandte er sich mit diesen Worten an seine Offiziere: »Wer nicht wagt, der nicht gewinnt! Wenn ihr euch nicht ins Lager des Tigers begebt, könnt ihr auch nicht die Jungen des Tigers fangen. Der einzige Weg, der uns jetzt noch offensteht, ist, die Barbaren im Schutze der Nacht anzugreifen, wenn sie nicht fähig sind zu erkennen, wie viele wir sind. Wir werden aus ihrer Panik Nutzen ziehen und sie völlig auslöschen; dies wird den Mut des Königs abkühlen und uns Ruhm einbringen; ganz abgesehen

davon, daß es unserer Mission den Erfolg sichern wird.«
Die Offiziere wollten ihm gerne folgen, doch sie wiesen
darauf hin, daß es nötig sei, die Angelegenheit zuvor mit
dem Ersten Minister zu besprechen.

Ban Chao erwiderte leidenschaftlich: »Heute wird über
unser Schicksal entschieden! Der Erste Minister ist nur
ein langweiliger Zivilist, der gewiß Angst bekommen
wird, wenn er von unserem Vorhaben hört, und alles wird
ans Licht kommen. Ein Tod ohne Ruhm ist kein würde-
volles Ende für einen tapferen Krieger!«

Und so drang er, als die Nacht kam, mit seiner kleinen
Schar rasch ins Lager der Barbaren vor. Zu jener Zeit blies
ein starker Sturm. Ban Chao befahl zehn Männern seiner
Gruppe, Trommeln zu nehmen und sich hinter den Ba-
racken des Feindes zu verstecken; sobald sie die Flammen
aufschießen sahen, sollten sie zu trommeln beginnen und
mit aller Kraft schreien. Der Rest seiner Männer, bewaff-
net mit Bögen und Armbrüsten, bezog im Hinterhalt am
Tor des Lagers Stellung. Dann setzte er das Lager auf der
Windseite in Brand, worauf sich vor und hinter dem
Feind ein ohrenbetäubender Lärm von Trommeln und
Schreien erhob; die Feinde stürmten Hals über Kopf in
schrecklicher Unordnung heraus. Ban Chao erschlug drei

von ihnen mit eigener Hand, während seine Gefährten dem Gesandten und dreißig aus seinem Gefolge die Köpfe abschlugen. Die übrigen, insgesamt mehr als hundert Männer, wurden Opfer der Flammen.

Am nächsten Tag kehrte Ban Chao zurück und informierte Guo Xun, den Ersten Minister, über das, was er getan hatte. Der Minister erschrak sehr und erbleichte. Doch Ban Chao, der seine Gedanken ahnte, sagte mit erhobener Hand: »Obwohl Ihr in der letzten Nacht nicht mit uns kamt, Herr, denke ich nicht daran, den Ruhm für unseren Erfolg allein für mich zu beanspruchen.«

Dies befriedigte Guo Xun; und Ban Chao, der nach Guang, dem König von Shanshan, geschickt hatte, zeigte dem Herrscher den Kopf des Barbarengesandten. Das ganze Königreich zitterte vor Furcht, doch Ban Chao eilte sich, die Furcht durch eine öffentliche Proklamation zu lindern. Dann nahm er den Sohn des Königs als Geisel und kehrte zurück, um seinem eigenen König zu berichten.

Um mit Feuer anzugreifen, müssen wir entsprechend ausgerüstet sein; das Material zum Entzünden eines Feuers sollte immer bereitgehalten werden.

Es gibt eine Jahreszeit, die geeignet ist für Angriffe mit Feuer, und bestimmte Tage, um einen Brand anzufachen. Die geeignete Jahreszeit ist die, wenn das Wetter sehr trocken ist. Die bestimmten Tage sind jene, wenn der Mond in den Zeichen des Siebes, der Mauer, des Flügels oder der Sprosse steht, denn diese vier sind Tage des aufkommenden Windes. Wenn du mit Feuer angreifst, mußt du auf fünf mögliche Entwicklungen vorbereitet sein. Wenn im Lager des Feindes ein Feuer ausbricht, mußt du sofort mit einem Angriff von außen reagieren. Wenn ein Feuer ausbricht, doch die Soldaten des Feindes ruhig bleiben, dann laß dir Zeit und greife nicht an. Wenn die Gewalt der Flammen ihren Höhepunkt erreicht hat, dann greife sofort an, wenn es möglich ist; wenn nicht, bleibe, wo du bist. Wenn es möglich ist, von außen mit Feuer anzugreifen, dann warte nicht, bis es drinnen ausbricht, sondern greife in einem günstigen Augenblick an.

Wenn du ein Feuer entzündest, dann halte dich windwärts. Greife nicht gegen den Wind an. Wenn der Wind aus Osten kommt, dann lege im Osten des Feindes Feuer und folge mit deinem Angriff von dieser Seite. Wenn du das Feuer auf der Ostseite legst und vom Westen angreifst, wirst du auf die gleiche Weise leiden wie dein Feind.

Ein Wind, der sich tagsüber erhebt, ist stetig, doch eine nächtliche Brise schläft bald wieder ein.

In jeder Armee müssen die fünf Entwicklungen, die mit Feuer zu tun haben, bekannt sein; die Bewegungen der Sterne müssen berechnet werden, und du mußt auf die geeigneten Tage achten.

Wer beim Angriff Feuer zu Hilfe nimmt, zeigt Intelligenz. Wer beim Angriff Wasser zu Hilfe nimmt, gewinnt zusätzlich Kraft. Mit Hilfe von Wasser kann ein Feind aufgehalten werden, doch du kannst ihm nicht seinen ganzen Besitz rauben.

Unglücklich ist das Schicksal jener, die versuchen, ihre Schlachten zu gewinnen und ihre Angriffe erfolgreich zu führen, ohne daß sie den Wagemut fördern, denn das Ergebnis ist Zeitverschwendung und allgemeiner Stillstand. Der erleuchtete Herrscher arbeitet seine Pläne lange vorher aus; der gute General nutzt seine Kräfte. Er herrscht über die Soldaten durch seine Autorität, schweißt sie zusammen durch Treu und Glauben und macht sie sich durch Belohnungen zu Diensten. Wenn der Glaube nachläßt, wird es zur Zerrüttung kommen, wenn die Belohnungen ausbleiben, wird man die Befehle nicht beachten.

Bewege dich nicht, wenn du keinen Vorteil siehst; setze deine Truppen nicht ein, wenn es nichts zu gewinnen gibt; kämpfe nicht, wenn die Lage nicht kritisch ist. Kein Herrscher sollte Truppen ins Feld schicken, nur um einer Laune nachzugeben; kein General sollte aus Verärgerung eine Schlacht beginnen. Zorn mag sich mit der Zeit in Freude verwandeln; auf Verärgerung mag Zufriedenheit folgen. Doch ein Königreich, das einmal zerstört wurde, kann nie wieder errichtet werden; und auch die Toten können nicht ins Leben zurückgeholt werden.

So ist der erleuchtete Herrscher umsichtig, und der gute General voller Vorsicht. Dies ist der Weg, ein Land in Frieden und eine Armee intakt zu halten.

XIII

Der Einsatz von Spionen

Ein Heer von hunderttausend Männern auszuheben und mit ihnen über weite Entfernungen zu marschieren bedeutet große Verluste an Menschen und eine Belastung der Staatsschätze. Die täglichen Ausgaben werden bis zu hunderttausend Unzen Silber betragen. Zu Hause und in der Ferne wird es Unruhe geben, und Männer werden erschöpft auf den Straßen zusammenbrechen. Mindestens siebenhunderttausend Familien werden bei ihrer Arbeit behindert.

Feindliche Armeen können sich jahrelang gegenüberstehen und um den Sieg ringen, der an einem einzigen Tag erkämpft wird. Da dies so ist, *ist es der Gipfel der Unmenschlichkeit, über die Verfassung des Feindes im unklaren zu bleiben, nur weil man die Ausgabe von hundert Unzen Silber für Belohnungen und Sold scheut.* Wer so handelt, kann Männer nicht führen, kann seinem Herrscher keine wertvolle Hilfe sein, kann den Sieg nicht erringen. Was den weisen Herrscher und den guten General befähigt zuzuschlagen und zu siegen und Dinge zu erreichen, die außerhalb der Fähigkeiten gewöhnlicher Männer liegen, ist *Vorherwissen.* Doch dieses Vorherwissen kann nicht Geistern entlockt werden; es kann nicht aus der Erfahrung und auch durch keine Schlußfolgerung gewonnen werden.

Das Wissen um die Pläne des Feindes kannst du nur von anderen Männern erhalten. Die Kenntnis der Geisterwelt wird durch das Orakel erlangt; Informationen in Naturwissenschaften können durch Erfahrungswerte gewonnen werden; die Gesetze des Universums können durch mathematische Schlüsse bewiesen werden. Doch die Pläne des Feindes sind durch Spione und nur durch sie zu ermitteln.

Deshalb der Einsatz von Spionen, von denen es fünf Klassen gibt: eingeborene Spione; innere Spione; übergelaufene Spione; todgeweihte Spione; überlebende Spione.

Wenn alle diese fünf Arten im Einsatz sind, kann keiner das geheime Netz entdecken. Dies nennt man »göttliche Handhabung der Fäden«. Es ist die wertvollste Fähigkeit des Herrschers.

Eingeborene Spione zu haben bedeutet, sich der Dienste der Einwohner eines Gebietes zu versichern. Im Land des Feindes mußt du Leute durch freundliche Behandlung für dich gewinnen und als Spione benutzen.

Innere Spione zu haben bedeutet, die Beamten des Feindes zu benutzen. Wertvolle Männer, die degradiert wurden;

Kriminelle, die eine Bestrafung hinter sich haben; auch Lieblingskonkubinen, die gierig auf Gold sind; Männer, die verbittert sind, weil sie in untergeordneten Positionen sind oder bei der Verteilung von Posten übergangen wurden; andere, die wollen, daß ihre Seite geschlagen wird, damit sie eine Chance haben, ihre Fähigkeiten und Talente zu zeigen; Fähnlein im Winde, die in beiden Türen einen Fuß haben wollen. Beamte dieser Art sollten heimlich aufgesucht und mit reichen Geschenken auf die eigene Seite gebracht werden. Auf diese Weise wirst du fähig sein, die Verfassung des feindlichen Landes zu erkennen und die Pläne zu erfahren, die gegen dich geschmiedet werden; und außerdem kannst du die Harmonie stören und einen Keil zwischen den Herrscher und seine Minister treiben. Doch es ist äußerste Vorsicht geboten, wenn man sich mit inneren Spionen einläßt.

Luo Shang, der Gouverneur von Yizhou, schickte seinen General Wei Bo aus, um den Rebellen Li Xiong von Shu in seiner Festung in Pi zu bekämpfen. Nachdem jede Seite eine Anzahl von Siegen und Niederlagen erlebt hatte, bediente sich der Rebellenführer Li Xiong der Dienste eines gewissen Bodai, eines Eingeborenen von Sudu. Er begann, indem er ihn auspeitschen ließ, bis das Blut kam, und dann schickte er ihn aus zu seinem Feind Luo Shang, den er irreführen sollte, indem er ihm die Zusammenarbeit mit Menschen aus der Stadt anbot. Der Spion sollte ein Feuersignal geben, wenn der richtige Augenblick für einen Großangriff gekommen war. Luo Shang, der den Versprechungen dieses inneren Spions glaubte, ließ seine besten Truppen aufmarschieren, setzte General Wei und andere an ihre Spitze und gab den Befehl, auf Bodais Aufforderung hin sofort anzugreifen. Inzwischen hatte Li Xiong einen Hinterhalt vorbereitet, und Bodai, der lange Enterleitern gegen die Stadtmauern gestellt hatte, entzündete das Signalfeuer. Weis Männer, die nicht wußten, daß sie hintergangen wurden, stürmten los, als das Signal kam, und begannen so schnell wie möglich die Leitern hinaufzuklettern, während andere an Seilen, die von oben herabgesenkt wurden, hinaufgezogen wurden. Mehr als hundert Soldaten drangen auf diese Weise in die Stadt ein, und alle wurden unverzüglich enthauptet. Der Rebellenführer Li Xiong griff dann mit allen seinen Kräften sowohl von innen als auch von außerhalb der Stadt an und vernichtete den Feind völlig.

Übergelaufene Spione zu haben bedeutet, die Spione des Feindes zu fassen und sie für eigene Zwecke einzusetzen: Mit großen Bestechungsgeldern und großzügigen Versprechungen müssen sie aus dem Dienst des Feindes gelöst und veranlaßt werden, falsche Informationen zurückzubringen und gleichzeitig gegen ihre Landsleute zu spionieren.

Todgeweihte Spione zu haben bedeutet, gewisse Dinge öffentlich zum Zwecke der Täuschung zu tun und zuzulassen, daß unsere eigenen Spione von ihnen erfahren und sie, da sie hintergangen wurden, dem Feind berichten. Diese Dinge sind auf die Täuschung unserer eigenen Spione ausgerichtet und sollen sie glauben machen, daß sie unabsichtlich bloßgestellt wurden. Wenn diese Spione dann hinter den Linien des Feindes gefangen werden, geben sie einen völlig falschen Bericht ab, und der Feind wird sich entsprechend verhalten, nur um festzustellen, daß wir etwas völlig anderes tun. Daraufhin wird man die Spione zum Tode verurteilen.

Überlebende Spione sind schließlich jene, die Informationen aus dem Lager des Feindes zurückbringen. Dies ist die übliche Klasse von Spionen, die in keiner Armee fehlen darf. *Dein überlebender Spion muß ein Mann von überragendem Verstand sein, doch mit der äußeren Erscheinung eines Narren; von schäbigem Äußeren, doch mit einem eisernen Willen. Er muß tat-*

kräftig sein, widerstandsfähig, stark und mutig: gründlich ge-
wöhnt an alle Sorten Schmutzarbeit, fähig, Hunger und Kälte zu
ertragen und Schmach und Schande auf sich zu laden.

Der Kaiser Taizu schickte einmal Daxi Wu, um seinen
Feind, Shenwu von Qi, auszuspionieren. Wu wurde von
zwei anderen Männern begleitet. Alle drei waren beritten
und trugen die Uniform des Feindes. Als es dunkel wurde,
stiegen sie ein paar hundert Fuß vor dem Lager des Feindes ab und schlichen verstohlen näher, um zu lauschen,
bis sie die Paßwörter aufgeschnappt hatten, die von der
Armee benutzt wurden. Dann stiegen sie wieder auf die
Pferde und ritten in der Verkleidung von Wachsoldaten
kühn ins Lager ein; und mehr als einmal, als sie zufällig
einen Soldaten sahen, der gegen die Disziplin verstieß,
blieben sie tatsächlich stehen und versetzten dem Mis-
setäter eine gehörige Tracht Prügel! So gelang es ihnen,
mit allen wichtigen Informationen über die Pläne des
Feindes zurückzukehren, und sie wurden freundlich vom
Kaiser aufgenommen, der nach ihrem Bericht in der Lage
war, seinem Gegner eine schwere Niederlage beizubrin-
gen.

Es darf in der ganzen Armee keine vertrauteren Beziehungen geben als jene, die mit Spionen aufrechterhalten werden. Keine andere Beziehung sollte großzügiger belohnt werden. In keiner anderen Beziehung sollte größere Diskretion geübt werden.

Spione können ohne eine gewisse intuitive Klugheit nicht nützlich eingesetzt werden. Bevor wir Spione benutzen, müssen wir uns der Rechtschaffenheit ihres Charakters und des Ausmaßes ihrer Erfahrung und Geschicklichkeit versichern. Ein unverschämtes Auftreten und ein Hang zur Verschlagenheit sind gefährlicher als Berge oder Flüsse; es braucht einen weisen Mann, diese zu durchschauen.

Spione können nicht ohne Wohlwollen und Aufrichtigkeit geführt werden.

Ohne scharfe geistige Gewandtheit können wir nicht sicher sein, was an ihren Berichten wahr ist.

Sei umsichtig! Und benutze deine Spione für jede Unternehmung.

Wenn eine geheime Nachricht von einem Spion verbreitet wird, bevor die Zeit reif ist, muß er zusammen mit demjenigen, dem das Geheimnis erzählt wurde, getötet werden.

Ob es darum geht, eine Armee zu zerschmettern, eine Stadt zu stürmen oder einen einzelnen zu ermorden, es ist immer nötig, zu Anfang die Namen der Wächter herauszufinden, der Adjutanten, der Türsteher und der Leibwächter des befehlshabenden Generals. Wir müssen unseren Spionen auftragen, diese Namen in Erfahrung zu bringen.

Die Spione des Feindes, die zum Spionieren zu uns kommen, müssen entdeckt, mit Geldbestechungen verlockt, fortgeführt und bequem untergebracht werden. So werden sie zu übergelaufenen Spionen und stehen uns zur Verfügung.

Durch die Informationen, die der übergelaufene Spion bringt, können wir eingeborene und innere Spione anwerben. Wir müssen den übergelaufenen Spion in unsere Dienste locken, weil er es ist, der weiß, welche Einwohner geldgierig und welche Beamten korrupt sind. Seine Informationen machen es weiterhin möglich, den todgeweihten Spion mit falschen Informationen zum Feind zu schicken.

Und schließlich kann durch seine Informationen der überlebende Spion zu bestimmten Zwecken benutzt werden.

Das Ziel und der Sinn der Spionage in allen fünf Erscheinungsformen ist es, Wissen über den Feind zu erlangen; und dieses Wissen kann in erster Linie nur vom übergelaufenen Spion kommen. Er bringt nicht nur selbst Informationen, sondern er macht es auch möglich, die anderen Arten von

Spionen vorteilhaft zu nutzen. So ist es wichtig, daß der übergelaufene Spion mit äußerster Großzügigkeit behandelt wird.

Der Aufstieg der Yin-Dynastie war hauptsächlich Yi Ji zu verdanken, der unter den Xia gedient hatte. Gleichermaßen war der Aufstieg der Zhou-Dynastie Lu Ya zu verdanken, der unter den Yin gedient hatte.

So wird der erleuchtete Herrscher und der weise General die Intelligentesten seiner Armee als Spione einsetzen und auf diese Weise hervorragende Erfolge erzielen.

Spione sind ein äußerst wichtiges Element des Krieges, denn von ihnen hängt die Fähigkeit der Armee ab, sich zu bewegen.

Im Frieden bereite dich auf den Krieg vor,
im Krieg bereite dich auf den Frieden vor.
Die Kunst des Krieges ist für den Staat von
entscheidender Bedeutung.
Sie ist eine Angelegenheit von Leben und Tod,
eine Straße, die zur Sicherheit oder in den
Untergang führt.
Deshalb darf sie unter keinen Umständen vernachlässigt
werden …

Sunzi (ca. 500 v. Chr.) war Philosoph, bevor ihn Helu, der König von Wu, zum obersten General seiner Armeen ernannte. Der Denker hatte mit seinem Werk »Die Kunst des Krieges«, der ersten bekannten strategischen Abhandlung in schriftlicher Form, die Aufmerksamkeit des Herrschers erlangt.